AF276470

folletos

Kristin Ross

La forma-comuna
La lucha como manera de habitar

VIRUS

Título original: The Commune form. The transformation of everyday life

Diseño de colección: Pilar Sánchez Molina y Silvio García-Aguirre
Diseño de cubierta: Virus Editorial

Traducción del inglés: Paula Martín Ponz
Edición y maquetación: Virus Editorial
Corrección ortotipográfica y de estilo: Rita Soler Colin
Corrección de galeradas: Carlos Marín Hernández (L'Entrellat)

Primera edición: octubre de 2024

ISBN: 978-84-17870-41-6
Depósito legal: B-17935-2024

VIRUS Editorial i Distribuïdora, SCCL
C/ Junta de Comerç, 18, baixos
08001 Barcelona
Tel. / Fax: 934 413 814
editorial@viruseditorial.net
www.viruseditorial.net

Índice

Introducción

*La forma, como todas las grandes cosas,
era sencilla.*[1]

Cuando Marx, desde su privilegiada posición en Londres, leyó las crónicas de lo que estaba sucediendo en las calles de París durante aquella primavera de 1871, hay razones para creer que por primera vez comenzó a atisbar, a concebir, el aspecto que tendría la gente corriente cuando actúa como dueña de su propia vida en vez de como esclava asalariada. En su obra *La guerra civil en Francia*, Marx recoge pulcra y laboriosamente los logros legislativos de los comuneros. Sin embargo, fue la forma que adoptaban su vida, el arte y la gestión de su cotidianidad lo que captó su atención y lo que transformó y redirigió el camino de su propia investigación y de sus escritos, y los impulsó en la dirección

---

[1] Karl Marx, *The civil war in France. First draft*, lc.cx/oTBhzW. [Hay trad. cast.: lc.cx/d1Gvfm].

7

que estos adoptarían durante la última década de su vida. Los conflictos y problemas en los que se centró en los últimos años, los materiales que seleccionó, la mayor amplitud de los paisajes y territorios políticos, intelectuales y geográficos que mapeó para sí mismo, todo ello se vio sustancialmente alterado por su hallazgo de la forma-comuna. En 1871, los ideales de los comuneros, pese a lo idealistas que pudieran resultar, no le preocupaban, no llamaban su atención. Lo que le atrapó, lo que contaba para él, fueron las prácticas de los comuneros, «la propia existencia práctica» de la Comuna, tal y como él mismo expresó. Su asombro y curiosidad se reservaban para el descubrimiento y la implementación «por fin» por parte de la gente corriente de una *forma*: «La forma política al fin descubierta que permitía realizar la emancipación económica del trabajo».[2]

Según parece, no obstante, la emancipación económica del trabajo no era un objetivo al que aspirar ni una recompensa por el buen comportamiento. *Esa emancipación ya estaba materialmente en marcha* bajo la forma de gente que sentía y respiraba, y que desarrollaba su vida fuera del guion establecido, sobre la base de la cooperación y la colaboración, en su «atracción

---

[2]. Karl Marx, *Civil war in France: the Paris Commune*, International Publishers, Nueva York, 1940, p. 60. [Hay trad. cast.: *La guerra civil en Francia*, Fundación Federico Engels, Madrid, 2018, p. 71].

pasional», como expresó Fourier. Los trabajadores querían organizar su propia vida social en función de los principios de asociación y cooperación. A este deseo le pusieron el nombre de «comuna», haciéndose eco del eslogan que había comenzado a resonar en los clubs y las sedes de trabajadores repartidas por toda la ciudad en las postrimerías del Segundo Imperio.

La Comuna de París fue una intervención pragmática en el aquí y ahora. La forma-comuna tiene que ver, de manera primordial, con que la gente viva de forma diferente y cambie sus circunstancias trabajando sobre las condiciones accesibles en el presente. En este sentido, la forma como forma misma era indistinguible de las personas específicas que estaban transformando su vida, viviéndola de otra manera en el momento y en el espacio, los barrios, en que lo hacían.

En otra de sus formulaciones, tantas veces citada, Marx afirma que los comuneros están «demoliendo el Estado»,[3] pese a que, tal y como yo lo veo, las actividades de los comuneros tenían menos que ver con destrozar y romper que con *desmantelar*, paso a paso, el Estado. Se había puesto en marcha el desmantelamiento de todo tipo de jerarquías estatales y, lo que es más importante, la jerarquía que hace que la política

_____

[3.] Karl Marx, «Letter to Dr. Kugelmann, 12 April, 1871», en *Civil war in France...*, *op. cit*, p. 86. [Hay trad. cast.: lc.cx/aa3Yzo].

9

sea una actividad especializada secuestrada por unos pocos peces gordos que operan a puerta cerrada.

Al parecer, mientras que Marx vio en la Comuna de 1871 el momento del descubrimiento de una forma, Piotr Kropotkin vio, en cambio, el redescubrimiento de la forma. Por ello, una de las muchas reflexiones acerca de la forma-comuna que hizo Kropotkin a lo largo de su extenso trabajo como historiador no se refiere a la insurrección de 1871, sino que se analiza bajo el prisma de otra insurrección francesa: la «gran revolución», como la llamó en el título de su libro *La grande révolution*.[4] En dicha obra proclama que el alma de la Revolución francesa de 1789, todo su vigor, la constituían los más de sesenta distritos que surgieron directamente de los movimientos populares y que decidieron no alejarse del pueblo, los distritos que convirtieron la ciudad de París en una enorme comuna insurreccional:

> *El pueblo francés parecía haber comprendido maravillosamente bien esta necesidad, y ese algo nuevo que introdujo en la vida de Francia, desde sus primeros levantamientos, fue la Comuna*

---

[4] Piotr Kropotkin, *La grande révolution. 1789-1793*, P.-V Stock, París, 1909. [Hay trad. cast.: *La gran Revolución francesa 1789-1793*, trad. Anselmo Lorenzo, Utopía Libertaria, Buenos Aires, 2015].

popular. La centralización gubernamental vino después; pero la Revolución comenzó por crear la Comuna.[5]

Kropotkin deja claro que tan importantes como los distritos de la capital fueron las comunas campesinas en las zonas rurales. Las sucesivas insurrecciones aldeanas habían desempeñado un papel decisivo, aunque generalmente subestimado, en la radicalización del proceso revolucionario entre 1789 y 1794. Fueron estas fuerzas, que emergían del campo, las que exigieron la abolición de los derechos feudales y la devolución de las tierras robadas al campesinado a manos de los señores feudales y del clero desde el siglo XVII. Al fin y al cabo, nos recuerda Kropotkin, en aquel periodo el principal instrumento de explotación de la fuerza de trabajo humana no era la fábrica, que apenas existía entonces, sino la tierra. El pensamiento revolucionario del siglo XVIII se centraba en la posesión comunal de la tierra (lo cual, en mi opinión, sigue siendo el objetivo). El autor describía así el levantamiento de las comunas rurales: «*Es la esencia misma, el fondo de la Gran Revolución*».[6] En paralelo, o al mismo tiempo, París «prefirió organizarse en una vasta comuna insurrecta

---

5. *Ibid.*, p. 234 [en castellano, p. 147].

6. *Ibid.*, p. 124. Énfasis de Kropotkin [en castellano, p. 87].

11

y esta comuna, a semejanza de las comunas de la Edad Media, tomó todas las medidas de defensa necesarias contra el rey».[7] Fue París como Comuna quien derrocó al rey y se convirtió en el arma y la punta de lanza de los *sans-culottes* contra la realeza y los conspiradores, y quien puso en marcha la nivelación de la riqueza. Los distritos parisinos fueron los encargados de mantener y canalizar la iniciativa revolucionaria durante casi dos años. Los distritos no solo fueron «el verdadero foco y la verdadera fuerza de la Revolución»,[8] sino que, cuando cayeron, cuando murieron, también lo hizo la revolución misma a medida que el Gobierno central se solidificaba en el cargo.

Tanto para Marx como para Kropotkin, la revolución es indistinguible de la forma-comuna y su democracia directa, de la misma manera que esa democracia es un movimiento que sobrepasa las formas políticas en curso. Eso es a lo que se refería Marx cuando definía la Comuna de París como «una forma política perfectamente flexible». Para Marx y para Kropotkin, esa es, a la vez, la forma y el contexto para la revolución o, en palabras de Kropotkin, «el momento propicio para la revolución y los medios para llevarla a cabo».[9]

[7.] *Ibid.*, p. 117 [en castellano, p. 84].

[8.] *Ibid.*, p. 235 [en castellano, p. 147].

[9.] Piotr Kropotkin, *Words of a rebel,* trad. George Woodcock,

El nombre mismo, «comuna», representa y abarca en sí mismo lo que Kropotkin (y la mayor parte de los historiadores) señala como la fuerza más profundamente democrática de la Revolución francesa. Sin embargo, Kropotkin nos dice mucho más. En su opinión, la revolución no es más que el conflicto entre el Estado, por una parte, y las comunas, por otra. La contradicción no se da entre Estado y anarquía, sino entre Estado y cualquier otro tipo de organización de la vida política, cualquier clase de inteligencia política alternativa, cualquier modelo diferente de comunidad. Las comunas y su forma de vida florecen en la medida en que retrocede el Estado. Si, de hecho, el papel del Estado es gestionar todas las esferas de las sociedades al tiempo que mantiene su dominio y lo perpetúa, entonces tal vez nos resulte más útil dejar de entender la forma-Estado como algo definitivo o acabado. Quizá sea más apropiado plantearla como una tendencia, una orientación. Siguiendo este razonamiento, se podría decir lo mismo de la forma-comuna: es mejor no considerarla algo acabado, sino imaginarla como una tendencia, una orientación.

Black Rose Books, 1992, p. 81. [Hay trad. cast.: *Palabras de un rebelde*, trad. David León, Edhasa, Barcelona, 2001. De los capítulos 9 («La Commune») y 10 («La Commune de Paris») de este libro, esta traducción ha omitido el primero, donde figura esta cita].

Las observaciones que plantearon Marx y Kropotkin respecto a la forma-comuna en la historia revolucionaria francesa nos sirven para aislar algunos componentes o hilos, recurrentes y reconocibles, de la fórmula política en cuestión. El espacio-tiempo de la forma-comuna está anclado en el arte y la organización de la vida cotidiana, y ligado íntimamente a la responsabilidad adquirida respecto a los medios de subsistencia. Por ello, requiere de una intervención en extremo pragmática en el aquí y ahora, y un compromiso de trabajo con los ingredientes y elementos del momento actual. También presupone un entorno local, vecinal o delimitado. Las dimensiones espaciales y temporalidades distintivas de la forma-comuna se despliegan junto con un Estado distante, desmantelado o en desmantelamiento (o en ese mismo contexto), cuyos servicios son considerados superfluos por un grupo de personas, que han decidido hacerse cargo ellas mismas de sus propios problemas.

Mi objetivo en estas breves reflexiones no es definir una forma que, en su contingencia, su falta de abstracción y su naturaleza inacabada y en desarrollo, a duras penas se prestaría a ello. Como sugiere Kropotkin, una comprensión relacional de la forma es preferible a una comprensión definitoria. Si la forma de vida comunal florece a medida que retrocede el Estado, debemos observar lo mejor posible la lucha material actual para encontrar este tipo de momentos de creación alternativa y sus nuevas puestas en escena, a partir de sus propias y particulares «existencias activas». En nuestro tiempo, las dinámicas luchas por la defensa del territorio,[10] como son la *zad*[11] en Notre-Dame-des-Landes (cuyo ejemplo utilizo de manera predominante en las páginas siguientes) o las ocupaciones de oleoductos en América del Norte, han revivido viejos aspectos de la forma-comuna y han creado otras características propias.[12]

[10] Aunque algunas veces las luchas por la defensa del territorio tienen una naturaleza corporativista o limitada, como puede ser defender un entorno ecológico determinado o unas tierras de labranza específicas, entendemos que, en general, las luchas por la defensa de la tierra (como conjunto) y del territorio engloban, tanto en esencia como desde el punto de vista terminológico, la idea de una protección de los espacios materiales, las relaciones humanas entre sí y con el resto del entorno natural, los seres que lo habitan y las relaciones generales que se dan en el mundo natural. Por lo tanto, a riesgo de resultar pesadas o farragosas, utilizaremos «territorio» en vez de «tierra» para mantener este significado más amplio. *(N. de la T.)*

[11] En Francia, hace años que «zad» entró en el diccionario como un sustantivo (antes acrónimo) que significa «zona que defender», por lo que, al igual que «comuna», utilizaremos este término como sustantivo. *(N. de la T.)*

[12] Aunque los ejemplos que doy en este ensayo son mayoritaria pero no totalmente franceses y modernos, aprovecho para recalcar que, como es obvio, no afirmo que la forma-comuna sea ni nueva ni específicamente francesa, sino que estos son los límites de mi propia formación. Para consultar una bibliografía reciente de estudios sobre la comuna concebidos en su

Estos movimientos contemporáneos buscan actuar de manera enérgica y directa sobre los elementos causantes de la destrucción acelerada del entorno en el que se desarrolla la vida, palpable en cada rincón del planeta. Con todo, su existencia también ha tenido un efecto secundario —que a mi parecer es igual de importante—, que representa el hilo conductor de este libro: dichos movimientos alteran las percepciones que tenemos del pasado reciente, en particular de las décadas de 1960 y 1970. Las luchas contemporáneas por el territorio nos permiten definir una nueva percepción de las líneas de conflicto principales desde la segunda mitad del siglo XX hasta nuestros propios días. Transforman nuestra comprensión de qué era lo que importaba entonces y qué es lo que nos importa o lo que nos resulta útil actualmente. Las largas batallas a las que se enfrentaron los agricultores y sus aliados en el sur de Francia en la década de 1970, al igual que las que libraron a las afueras de Tokio con el objetivo de no perder sus tierras, se presentan hoy a todas luces como las luchas que definen nuestra era. Y, a la luz de los nuevos movimientos, también el panorama teórico reciente está sujeto a ser reconfigurado. El marxismo antiproductivista elaborado en la década de 1970 por un pensador como

dimensión internacional, véase Quentin Deluermoz y Éric Fournier, «Persistences de la Commune», en *Revue d'histoire du XIXe siècle*, n.º 63, 2021-2022, pp. 9-19.

Henri Lefebvre, ampliamente ignorado en Francia en su época (aunque no así en las Américas), adquiere un brillo fresco debido en gran medida a su preocupación por una cuestión tan central en la forma-comuna como es la vida cotidiana, sus insatisfacciones y sus alternativas. Sus textos, al igual que otros de los años setenta, tal como mostraré en el apartado final de este ensayo, resurgen y se ponen a nuestra disposición para luchar por superar la lógica capitalista, en el aquí y ahora, mediante la reconquista del tiempo y del espacio vividos.[13]

[13.] Como hilo conductor de este ensayo, la autora utiliza los trabajos, entre otros, de Henri Lefebvre; en su obra *La producción del espacio* (Capitán Swing, 2013), usa los conceptos *lived enviroment*, *lived space* y *lived time* y «vivido», y en esta traducción hemos decidido mantener los equivalentes existentes: «espacio vivido» y «tiempo vivido». *(N. de la T.)*

Nantes mejor que Nanterre

A finales de la década de 1960, durante una huelga general en Francia que se extendió por toda la nación y que en sí misma formaba parte de una tormenta social que azotó el globo, el giro específico —de hecho, único— de los acontecimientos en mayo-junio de 1968 en Nantes merece un examen más detallado. Porque Nantes fue la única ciudad de Francia que respondió al colapso generalizado de los servicios públicos durante la huelga general organizando una especie de administración paralela con el objetivo de satisfacer las necesidades básicas de maneras alternativas y profundamente prácticas. Por ello, a la ciudad autogestionada del Nantes de 1968 se la conoce popularmente como «la Comuna de Nantes».

Medio siglo después de los acontecimientos, volviendo la vista atrás, Joseph Potiron, un *paysan*[1] activo

---

[1]. En esta traducción, utilizamos la voz francesa *paysan* por varias razones, pero principalmente porque los campesinos

19

en las luchas que durante las décadas de 1960 y 1970 pusieron la región de Loira Atlántico en la línea del frente de la insurgencia rural, rehúye el apelativo «Comuna de Nantes» para describir lo que sucedió aquellos días. «La Comuna de Nantes es un nombre grandilocuente. Es más apropiado decir que, en varios lugares, espontáneamente, sin recibir instrucciones, algunos agricultores decidieron ponerse manos a la obra».[2] Sin embargo, la afirmación de Potiron se ve contradicha nada más y nada menos que por Jean-Émile Vié, el prefecto conservador de Nantes en 1968, que utilizaba habitualmente este término, «Comuna de Nantes», para describir la situación a la que se enfrentaban, tanto él como otros cargos gubernamentales, en aquellos días.[3] Años después continuó usándolo y atestiguando su veracidad: «Y aunque en toda Francia la interrupción del funcionamiento de los grandes servicios públicos tendió a paralizar la acción de las autoridades

galos han decidido mantener y reivindicar el uso de dicha palabra tanto por lo que tiene de defensa de la tierra como porque abarca un tipo concreto de vida, de cultura, de temporalidad y de relaciones sociales, entre otros aspectos. Por otra parte, el traductor Emilio Ayllón nos señala que el término «campesino» no tiene el mismo sentido peyorativo que el apelativo *paysan* en francés. *(N. de la T.)*

[2] Joseph Potiron, citado en Guillaume Désanges y François Piron, *Contre-vents*, Paraguay, París, y Le Grand Café, Saint-Nazaire, 2021, p. 177.

[3] Jean-Émile Vié, citado en *Ouest-France*, 9 de mayo del 2008.

legales, al parecer, solo el Loira Atlántico vio surgir una administración paralela liderada por los huelguistas».[4]

Después de que en la periferia de Nantes los trabajadores del sector aéreo ocuparan la fábrica de Sud Aviation y, con ello, prendieran la chispa que encendió un reguero de ocupaciones de este tipo de fábricas a lo largo del país, las redes cooperativas de los *paysans*, que llevaban años en marcha, posibilitaron que los campesinos de la región proporcionaran comida producida en las granjas cercanas a precio de coste, y a veces incluso gratis, a las familias de los trabajadores en huelga. Con esta acción no solo se alimentaba a las familias pobres, sino que se puenteaban los habituales medios capitalistas de distribución de alimentos, fuertemente controlados por intermediarios, lo que provocó un vivo cuestionamiento de la necesidad de mantenerlos. Un gobierno popular bajo la forma de un comité central de huelga, que situó su base en el ayuntamiento entre finales de mayo y principios de junio, ayudó a coordinar en los vecindarios tanto la distribución colectiva de alimentos como otras operaciones.

Todo empezó al final de la segunda semana de huelga (24 de mayo) en un barrio de Nantes con un 95 por ciento de obreros, Batignolles, donde las esposas de los huelguistas se agruparon en

---

4. Jean-Émile Vié, citado en Sarah Guilbaud, *Mai 68 Nantes*, Coiffard Éditions, París, 2004, p. 97.

asociaciones de familias [...] y decidieron organizar ellas mismas los suministros. Altavoz en mano, las esposas de los huelguistas pasaron por las casas del barrio convocando a la población a una reunión informativa. [...] Después de la reunión, una delegación de un centenar de esposas de huelguistas se dirigió a la fábrica más cercana para ponerse en contacto con los comités de huelga.

Más tarde, se creó un comité de abastecimiento que agrupaba a las tres asociaciones de familiares de obreros [...]. Este comité entró en contacto directo con los sindicatos campesinos del pueblo más cercano: La Chapelle-sur-Erdre. En una reunión donde participaron quince campesinos sindicados y una delegación de trabajadores y estudiantes, se decidió garantizar una conexión permanente para organizar una red de distribución sin intermediarios.[5]

Pese a su carácter efímero, las iniciativas desarrolladas por las asociaciones vecinales para ponerse en contacto con los agricultores de la zona, con el objetivo de encontrar una manera de gestionar los problemas cotidianos y coordinar esas relaciones con un comité de huelga que ocupaba el ayuntamiento, constituyen en efecto un tipo de administración paralela. Los nuevos

---

[5] Extracto de la revista *Cahiers de Mai*, edición especial Nantes, junio de 1968, pp. 9-10.

métodos para gestionar la crianza, los residuos, el combustible y los alimentos cobraron una enorme popularidad. «La influencia de dichos circuitos paralelos fue tan considerable que la población deseaba que esta experiencia se prolongase».[6] Fue el caso sobre todo de las zonas más pobres de la ciudad, en las que las familias de los trabajadores sufrían con más dureza los efectos de las huelgas y en las que, ya el 26 de mayo, una cooperativa de productores lácteos comenzó a distribuir quinientos litros de leche diarios. No es de sorprender, pues, que la población, y en particular los pobres, deseasen que el experimento durase. Cuando las cuestiones que afectan a la existencia, y en especial a la subsistencia, dejan de estar limitadas al plano individual o familiar, y cuando el poder no emana de una ley promulgada por el Parlamento, sino que proviene de la iniciativa directa de los de abajo, trabajando en sus áreas locales sin intermediarios que gestionen sus asuntos en común, ¿quién querría que esta situación acabase?

Estas maneras alternativas de gestionar la vida cotidiana, tanto social como materialmente, con relativa independencia del Estado, se suelen agrupar bajo el término «poder dual». Lenin utilizó esta fórmula para designar la ayuda práctica que ofrecían a diario —y la cotidianidad del proceso es esencial— en 1917 las redes de consejos de trabajadores y sóviets, las cuales

---

6. Yannick Guin, *La Commune de Nantes*, Maspero, París, 1969, p. 133.

coexistían con el Gobierno provisional y, al mismo tiempo, constituían su alternativa. Con ese término describía lo que, de hecho, era un conflicto político transicional que se debía resolver, una situación temporal e inestable en la que los consejos de trabajadores competían con el Estado por el poder. Sin embargo, en tiempos recientes también se ha usado para referirse a una práctica de trabajo concebida a largo plazo, en paralelo a las estructuras estatales y, a menudo, a sus espaldas, de modo que se independiza poco a poco de ellas volviéndolas gradualmente superfluas. A menudo, este proceso exige desenterrar habilidades olvidadas y desarrollar otras nuevas. Incluso los efímeros circuitos paralelos, como los surgidos en Nantes en mayo y junio, requirieron de la reactivación de antiguas capacidades, como las que caracterizaban a las asociaciones vecinales y las prácticas de las cooperativas campesinas en la «agricultura grupal», que históricamente habían ayudado a proteger la autonomía de las familias labradoras en épocas duras. Pero también necesitaron de la invención de destrezas y trucos colectivos y, por encima de todo, de nuevas alianzas, para adaptarse a las circunstancias inéditas.

Puede que la comparación más adecuada para lo sucedido en la Comuna de Nantes de 1968 radique en un territorio lejano pero contemporáneo: las calles de Detroit, Oakland y otras grandes ciudades de Estados Unidos a medida que los miembros del Partido Pantera Negra de Autodefensa comenzaron a hacerse cargo de la gestión de los vecindarios negros. Con sus desayunos escolares, panaderías y otras organizaciones comunitarias de base, a todos los efectos los panteras negras convirtieron sus comunidades y vecindarios en comunas de poder dual.[7] Tanto en Nantes como en Oakland, la revolución estaba firmemente ligada al día a día. Las personas activas en las tareas diarias de las comunas sabían que, al operar en el plano de lo cotidiano y no en el de la ideología, es decir, transformando de manera sustancial la vida diaria en una cuestión colectiva, reapropiándose efectivamente de ella mediante la lucha política, estaban haciendo la revolución a una escala que la gente podría identificar y sentir.

En las páginas siguientes tendré la oportunidad de volver frecuentemente a la cuestión de la vida cotidiana. Pero antes debo concluir la comparación entre Nantes y Oakland. Porque mientras que el Partido Pantera Negra obtenía su fuerza de la validación y defensa de la identidad negra, y de los barrios en los que vivía la población negra, la fuerza del movimiento de Nantes derivaba, en cambio, de una alianza coordinada entre tres grupos sociales distintos: agricultores, trabajadores y estudiantes. Solo en Nantes se logró una alianza así. Fue un modelo de solidaridad que se extendió a lo largo de la década de 1970, durante el

---

[7.] Véase el texto de 1993 del antiguo miembro del Partido Pantera Negra, Lorenzo Kom'boa Ervin, *Anarchism and the Black revolution*, disponible en lc.cx/fdotGn.

25

crecimiento del movimiento de *paysans-travailleurs*, que se encontraba en el corazón y los orígenes de la fundación, en 1987, de la Confédération Paysanne. También fueron los miembros de este movimiento quienes impulsaron la lucha política más duradera de la posguerra en Francia: el intento de bloquear la construcción de un aeropuerto internacional en el lugar designado para ello, una zona agropecuaria en Notre-Dame-des-Landes, a las afueras de Nantes. Era un tipo de solidaridad desconocido en la época, entre grupos muy diferenciados y con formas de vida que chocaban, y, sin embargo, este modelo acabaría teniendo enormes consecuencias. Los retos a los que nos enfrentamos hoy en día, en particular aquellos de naturaleza ecológica, me llevaron a pensar que las solidaridades que se desarrollaron en la Francia occidental en aquellos años resultan tan interesantes (puede que incluso más) como cualquiera de los modelos de solidaridad que se nos ocurren cuando hablamos, por ejemplo, del Sur Global.

Las alianzas campo-ciudad en la región de Loira Atlántico durante las décadas de 1960 y 1970 sorprenden particularmente cuando recordamos que en 1871, durante otra creación experimental de la forma-comuna, las enormes distancias y lo que Marx denominó «una muralla china de mentiras» lograron separar a los comuneros parisinos de sus posibles camaradas en otras ciudades francesas (o de cualquier otro tipo de camaradas), o lo que es lo mismo, del apoyo y del sustento material de las zonas rurales. La incomunicación de

París con estas poblaciones y todo lo que ello reveló, por una parte, sobre la capacidad de Versalles para controlar la imagen de lo que estaba sucediendo en la capital y, por otra, sobre la incapacidad de los parisinos para romper su aislamiento militar, constituyó la esencia de muchos de los comentarios sobre las dificultades a las que se enfrentó la Comuna parisina expresados por comuneros como André Léo, Benoît Malon y muchos otros tanto durante la insurrección como tras ella.

En los años que siguieron a la masacre de los comuneros, Élisée Reclus intentó rectificar la omisión sistemática de las preocupaciones agrícolas y de los trabajadores rurales en los discursos y la imaginería de la izquierda; esta crítica se hace patente en su panfleto «À mon frère le paysan» («A mi hermano el campesino»). Reclus consideraba la creciente división entre trabajadores rurales y urbanos como el mayor dilema al que se enfrentaba la izquierda, un dilema reforzado considerablemente por el fracaso de la izquierda urbana al reconocer esta cuestión como un problema. En efecto, la izquierda fue incapaz de percibir el lugar privilegiado que la población urbana ocupaba en sus propios análisis. Cuando Piotr Kropotkin reescribió la historia de la Comuna de París en *La conquista del pan,*[8]

---

8. Piotr Kropotkin, *La conquête du pain*, Tresse & Stock, París, 1892. [Hay trad. cast.: *La conquista del pan*, trad. León Ignacio (revisada bajo el asesoramiento de Rubén Reches y Frank Mintz), Utopía Libertaria, Buenos Aires, 2005].

albergó la fantasía de que toda la Île-de-France[9] y sus departamentos colindantes fuesen apropiados y transformados en vastos huertos autogestionados que mantendrían viva la ciudad revolucionaria. Es posible que su libro fuese el primero en argumentar que la proximidad con los medios de subsistencia y la implicación directa en ellos es esencial no solo para establecer y mantener una viva intimidad con el territorio, sino también para que el movimiento perdure. La participación activa de una parte de los agricultores de Nantes durante el Mayo del 68, llevando comida a las fábricas ocupadas y a los campus universitarios, y facilitando su distribución en los barrios, creó la perspectiva, por más que posiblemente no la realidad, de una lucha duradera. La coalición puesta en marcha por agricultores, estudiantes y obreros de Nantes, pese a su brevedad, fue un tipo de poder dual que proyectó Nantes mucho más allá de una revuelta o una huelga general hasta alcanzar casi una proporción kropotkiana, trazando un esbozo y coloreando los espacios de cómo podría ser la vida si la infraestructura de una ciudad y sus alrededores se gestionaran de manera autónoma como una comuna insurreccional.

Puede que fuese la integración de parte de la población *paysanne* en la coalición de trabajadores lo que convirtió a Nantes en la expresión más singular de la

---

9. Denominación oficial del departamento donde está situada la ciudad de París. *(N. de la E.)*

subjetividad relacional que, en general, se considera que inflamaba las políticas de la década de 1960. Henri Lefebvre, por ejemplo, solía decir que el Mayo del 68 en Francia fue resultado, en gran medida, del diseño de la línea de metro que obligaba a los estudiantes de Nanterre a atravesar caminando cada día las *bidonvilles* argelinas para llegar a su recién construido campus.[10] A Lefebvre le gustaba repetir esta afirmación porque constituía una sucinta ilustración de su teoría de la contradicción espacial. Según el autor, la dialéctica, que los posestructuralistas habían relegado al vertedero de la historia, no había desaparecido, sino que simplemente había sido desplazada. Era perceptible en las contradicciones efectivas del espacio, en las experiencias —cotidianamente, y de nuevo este ritmo temporal es esencial— y su desarrollo desigual. Estas experiencias eran las que, según él, tenían consecuencias. La desigualdad económica, los resultados tangibles del impulso modernizador lanzado por el Estado tras la guerra, produjo no solo paisajes y entornos vividos opuestos, sino también temporalidades muy diferentes o, como bien dijo Ernst Bloch, «no todos viven un mismo Ahora».[11] Las disparidades espaciales y

---

[10]. El término *bidonville* se refiere a los enclaves urbanos de chabolas o barracas de autoconstrucción. *(N. de la E.)*

[11]. Ernst Bloch, *Heritage of our times*, trad. Neville y Stephen Plaice, University of California Press, Berkeley, 1990, p. 97. [Hay trad. cast.: *Herencia de esta época*, Tecnos, 2019, p. 111].

temporales eran palpables debido a lo cercano de su existencia, a lo vivido, y no tanto al contraste entre entidades específicas como un «campus funcionalista» y una «zona de chabolas de inmigrantes», y constituían el núcleo de la subjetividad política que emergió en el París de 1968. Cuando su desplazamiento diario a clase se vio interrumpido por la huelga, las nuevas trayectorias llevaron a los estudiantes a organizarse en los *foyers* (zaguanes) argelinos. Los encuentros precarios y efímeros, acosados por la incertidumbre, el deseo, la empatía, la ignorancia y la decepción que caracterizan a este tipo de reuniones en las que se cruzan vastas distancias sociales, orientaron la nueva subjetividad política que surgió en el 68. Fueron el laboratorio de una nueva conciencia.[12]

En Nantes, donde la participación de los agricultores forjó una solidaridad más concreta y fértil que en París, las distancias sociales que debían superarse no parecían a primera vista tan extremas. Al fin y al cabo, la mano de obra industrial de la región de Loira Atlántico —obreros de la aviación, astilleros y similares— tenía raíces reales en la zona rural; muchos trabajadores de los astilleros de Saint-Nazaire, por ejemplo, habían nacido en las áreas rurales de los alrededores, y

_____

[12]. Vincent Lemire, «Nanterre, les bidonvilles et les étudiants», en Philippe Artières y Michelle Zancarini-Fournel (eds.), *68: une histoire collective (1962-1981)*, La Découverte, París, 2008, pp. 137-143.

muchos seguían viviendo allí. Compartían un profundo arraigo territorial con los *paysans* de la región. Y, si hemos de guiarnos por el análisis propuesto por Bernard Lambert en su rompedor texto de 1970, *Les paysans dans la lutte des classes*, tenemos que asumir que los jóvenes agricultores, golpeados con fuerza por los efectos directos del capital industrial y financiero en la agricultura francesa tras 1965, ahogados por la inmensa carga de contratos que les habían legado todos los riesgos económicos y ningún beneficio, con un gran porcentaje de ellos fuertemente endeudados, esos jóvenes agricultores ya estaban «proletarizados». Ya existía lo que Lambert más tarde llamaría «el matrimonio de obreros y *paysans*».

Pero, por sí misma, la comprensión teórica de la proletarización personal no conduce por fuerza a un cambio de la vida social ni a la transformación del panorama político. En la cotidianidad de la experiencia vivida, el mundo de los trabajadores fabriles y el de los productores lácteos rara vez coincidían. Para muchos campesinos, el Mayo del 68 brindó la ocasión de conocer a obreros, a menudo de manera accidental y por lo general gracias a la mediación de grupos de estudiantes o de mujeres que buscaban activamente el contacto con agricultores y ganaderos para obtener su apoyo en la lucha. «Los obreros pensaban que los campesinos no eran más que pequeños terratenientes, y los campesinos, que los obreros estaban en huelga todo el tiempo. [...] Nadie se reunía. Nadie se entendía. Comprendí

31

que la mejor arma de la burguesía contra los trabajadores y trabajadoras era el corporativismo».[13] Uno de
los imperativos centrales que motivaban a los *paysans*
a unirse a lo que ya estaba transpirando, e incluso a
adoptar el liderazgo al diseñar acciones, como la manifestación que tuvo lugar el 24 de mayo, fue el deseo
de romper y acabar con el corporativismo y entablar
un diálogo con otros grupos de personas. Este fue el
momento, quizá la primera vez, en que los agricultores franceses comenzaron a visualizar los problemas
de la agricultura, de su propia región y de las áreas
rurales en general en términos de políticas globales,
más que meramente sociológicos. Querían reafirmar-
se como grupo social con problemas particulares y
acuciantes ligados a la explotación que sufrían a causa
de la penetración del gran capital en las zonas rurales,
y los efectos que ello tenía en todas y cada una de las
facetas de su vida, pero querían hacerlo de un modo
no corporativista. Buscaban dar respuesta a los problemas a los cuales se enfrentaba todo el país y no solo
a los de los agricultores: el asunto del uso del espacio,
los residuos del colonialismo, la manera en la que la
capital estaba centralizando la toma de decisiones
respecto al campo, la cuestión de la producción de
armas y el destino de la tierra —su uso y propiedad—
en general. A principios de la década de 1970, los

[13.] Potiron, citado en *Contre-vents, op. cit.*, p. 176.

paysans-travailleurs organizaron grandes marchas en reacción al sindicato nacional agrario, la FNSEA, que había exigido que la marcha se detuviera en Orleans, «para que no vengan a joder a París». Y también, e igual de importante, para que no entrasen en contacto con la «purria urbana», es decir, con los revolucionarios.[14] Pese a su intención, ya había ejemplos en los que estos revolucionarios urbanos, estudiantes maoístas que atravesaban «etapas» o en busca de formación como agricultores, iban a su encuentro y pasaban tiempo con ellos. A comienzos del verano de 1968, diversos estudiantes maoístas de París y de otras grandes ciudades empezaron sus «largas marchas» al campo y muchos de ellos se dirigieron a Bretaña, como relataba uno de los campesinos que los alojó en su granero y que pudo conocerlos: «Los maoístas venían con la idea de que para lograr algo hay que unirse. Y esta iba en consonancia con nuestra acción en la región, donde la gente buscaba luchar junta».[15]

De hecho, bastante antes de 1968, en las décadas de 1940 y 1950, durante la época de la Jeunesse Agricole Catholique (JAC), la región Loira Atlántico podía presumir de haber sido la cuna de la nueva izquierda agraria. «Lo que hay que cambiar es el sistema capitalista que se basa en el beneficio económico», escribía

---

14. Bernard Lambert, citado en Bernard Lambert, Françoise Bourquelot y Nicole Mathieu, «Paroles de Bernard Lambert: un paysan révolutionnaire», *Strates*, n.º 4, 1989, p. 10.

15. Olivier Tric, citado en *Contra-vents*, *op. cit.*, p. 179.

Bernard Lambert en un artículo titulado «La machine triomphera-t-elle de l'homme?» («¿Triunfará la máquina sobre el hombre?») y publicado en *Jeunes Forces Rurales,* un diario de la JAC de amplia difusión. «Esto va en contra de que cualquier hombre, sea cual sea su nacimiento o fortuna, ocupe en la sociedad un lugar acorde a sus facultades manuales e intelectuales».[16] A partir de principios de los años sesenta, los agricultores regionales formaron parte de la primera línea de la insurgencia campesina que luchaba contra las restricciones cada vez mayores que las estructuras capitalistas y estatales imponían a su forma de vida. Querían construir un modelo de autonomía regional y esto significaba romper con los sindicatos de dirección nacional. Más tarde, en referencia a las nuevas prácticas disruptivas que se desarrollaron y que se mantuvieron fuera del control y de la jurisdicción de los sindicatos nacionales, Bernard Lambert dijo en una entrevista: «Abandonamos el hábito de preguntar a nuestros padres espirituales de París qué pensaban sobre las acciones que estábamos llevando a cabo».[17] La demanda de algo parecido a la autonomía regional resonaba en el eslogan tras el cual unas cien mil personas, la mayor parte campesinos (treinta mil en Nantes), se manifestaron a lo largo y ancho de los pueblos de la región

---

[16] Bernard Lambert, citado en Yves Chavagne, *Bernard Lambert. 30 ans de combat paysan,* La Digitale, Quimperlé, 1988, p. 33.

[17] Lambert, «Paroles de Bernard Lambert...», *op. cit.,* p. 6.

occidental durante los acontecimientos del 8 de mayo, lo cual daría comienzo al Mayo del 68 en Nantes: «El oeste quiere vivir». Fue precisamente ese aislamiento, su lejanía y alienación de los centros de poder y de toma de decisiones tanto del capital como del poder nacional, el factor que se volvió cada vez más positivo para su experimentación con diversas formas de coexistir y gestionar sus asuntos conjuntos. Fueron los agricultores los que emprendieron la gran manifestación del 24 de mayo y los que llevaron sus tractores hasta el centro de la ciudad, donde rebautizaron la plaza central como «Place du peuple». Este fue el comienzo de la Comuna de Nantes.

Muchos de los agricultores vivieron el Mayo del 68 como un «evento» más de los muchos que habían vivido y en los que habían participado en la larga e ininterrumpida lucha regional que lo precedió y que lo siguió. En este sentido, la obra de Lambert *Les paysans dans la lutte des classes* de veras representaba lo que se afirmaba en su prefacio: «El pensamiento de toda una comunidad de trabajadores que luchan contra la dominación del capitalismo condensado en una sola pluma».[18] Como documento social y político, podemos compararlo con el género testimonial popularizado en Latinoamérica en la década de 1970. *Les paysans dans la lutte des classes* fue la primera obra que situaba a los

---

[18]. Michel Rocard, prefacio en Bernard Lambert, *Les paysans dans la lutte des classes*, Seuil, París, 1970, p. 9.

35

agricultores y a los obreros en la misma posición estructural frente a la modernidad capitalista, englobándolos en un llamamiento general que exigía un «poder regional real» y la descolonización de las provincias. Lambert, pese a lo breve de su vida, vivió la transición de un mundo rural que giraba en torno a *chateau et curé* («el castillo y el cura»), al de las nuevas granjas mecanizadas de la agroindustria; en 1984, cuando murió, apenas se estaba empezando a cuestionar el productivismo agrícola. Y, sin embargo, ya en 1957 se podía escuchar a Lambert dirigiéndose a los agricultores bretones y avisándolos de que «debían luchar por seguir siendo trabajadores libres en explotaciones de escala humana».[19] En *Les paysans dans la lutte des classes*, su preocupación se centra en los agricultores jóvenes y modernizados, aquellos a los que el Estado, con su discurso modernizador, «había comprado», bastante literalmente, quienes se creían las promesas, solicitaban los créditos, renunciaban al policultivo y se especializaban, quienes adquirían equipos nuevos y fertilizantes industriales, puede que incluso ampliando sus explotaciones, los mismos que pronto descubrieron que todo el novedoso y accesible progreso tecnológico fracasaba miserablemente en la consecución de las mejoras prometidas. Al mismo tiempo, se veían

---

[19]. Bernard Lambert, citado en René Bourrigaud, *Paysans de Loire-Atlantique*, Editions du Centre d'Histoire du Travail, Nantes, 2001, p. 234.

empujados de manera imparable a niveles cada vez más elevados de competición y de endeudamiento. Para Lambert, estos agricultores proletarizados, simples tributarios de la industria, habían llegado a estar integrados en la industria, pero desde una posición explotada y dominada. Y, como tal, conformaban un nuevo y distintivo sujeto revolucionario.

A mi juicio, *Les paysans dans la lutte des classes* es comparable a otros textos revolucionarios canónicos de la época, como son *Los condenados de la tierra* de Frantz Fanon y el *El segundo sexo* de Simone de Beauvoir, y no solo por su amplia distribución cuando se publicó (se vendieron más de cien mil ejemplares y se tradujo pronto al alemán, al italiano y al portugués). Como las otras dos obras, el libro de Lambert da voz a una subjetividad política genuinamente novedosa. De las páginas del libro de Lambert surge una nueva subjetivación que acompaña a la de la mujer o la del colonizado, pero que adopta la forma de *paysan*-defensor de la tierra. Trabajando con el paisaje, diseñando su propio entorno gracias al conocimiento íntimo de un medio particular y, sobre todo, siendo consciente de la manera de usarlo sin abusar de él, es el *paysan* quien hace el *pays*. Hoy en día, «paysan» sigue siendo el término escogido por muchos agricultores jóvenes, que lo reclamaron como propio y desecharon la idea de que fuese denigrante dándole un nuevo valor, mientras que «agricultor» se ve como un término que reduce al trabajador de la tierra a uno más de los productores de mercancías. Porque, donde el agricultor moderno ataca lo vivo, reduce su diversidad y es una de las principales fuerzas causantes del deterioro ecológico, el *paysan* hace una contribución al mundo vivo.

En el libro que escribí hace años respecto a los debates que rodearon el Mayo del 68 y su vida posterior, caí en una especie de trance profético, algo inusual en mí, y predije que llegaría el día en que surgiría un campesino autodidacta como Lambert que encarnase las políticas del 68 en Francia más profunda y poderosamente de lo que lo hizo Daniel Cohn-Bendit. También profeticé que lo ocurrido en Nantes aquella primavera, en especial lo que sucedió fuera del foco mediático, algún día se consideraría mucho más significativo y resonaría con más fuerza en la imaginación política del mundo en el que vivimos que lo que ocurrió en París bajo todos los focos del escenario central.[20] (Hablamos de finales de la década de 1990; estaba acabando el libro y no hay duda de que había estado leyendo acerca del asalto al McDonald's de Millau, de la acción que segó un campo genéticamente modificado o de cualquiera de las acciones que la Confédération Paysanne llevó a cabo durante sus comienzos). En mayo del 2018, en la celebración de su cincuenta aniversario, quedó clarísimo que había llegado el día que yo había predicho. Jacques Willemont, quien en 1968,

---

[20] Kristin Ross, *Mai 68 et ses vies ultérieures*, Editions Complexe/Le Monde Diplomatique, Bruselas, 2005, pp. 15-16.

38

siendo un joven estudiante de cine, se abrió paso hasta los suburbios industriales de París a medida que la huelga general iba llegando a su doloroso final, logrando así capturar las imágenes cinematográficas más importantes y las que mejor reflejan el espíritu de la época (en un film documental llamado *La reprise du travail aux usines Wonder*), rodó otra película bastante impactante llamada *L'autre mai, Nantes mai 68*. En el metraje que ensambló Willemont, podemos escuchar a Jean-Émile Vié, el antiguo prefecto conservador de Nantes antes citado, ya mayor, describir las tareas de la Comuna de Nantes; podemos ver los viejos tractores rodando lenta pero firmemente el 24 de mayo hasta el centro de la Place Royale, en el corazón de la ciudad, y a los estudiantes colgando un nuevo lema en el monumento central («No al régimen capitalista, sí a la revolución total de la sociedad»), y podemos escuchar a la viuda de Bernard Lambert, Marie-Paule Lambert, y a otros agricultores hablando de las redes de distribución de alimentos.

De hecho, la proyección de la película de Willemont supuso un luminoso rayo de luz en la conmemoración del Mayo del 68, que se había transformado en un ritual caduco y letal. Ya se había proyectado, creo que solo una vez, en France 3, y tuvo pocos espectadores. En París, la conmemoración estaba en pleno apogeo y Daniel Cohn-Bendit había aceptado ser, de alguna manera, el maestro de ceremonias de Emmanuel Macron y de su deseo de diseñar y presidir la celebración oficial de Mayo del 68 del Elíseo, proyectada para durar todo el año. Esta peculiar idea nunca se materializó, en parte tal vez porque, a diferencia de Cohn-Bendit, muy pocas de las personas invitadas a la gala mostraron deseo de aceptar una invitación a festejar este acontecimiento ni de la mano del Estado ni a su lado. Como todas las celebraciones promovidas por el Estado, esta no iba a ser más que una mera invocación del pasado con el objetivo de consagrar el presente. Pero el «Mayo del 68» y las imágenes que lo acompañaban volvían a estar en las calles, por todas partes, gritando desde los quioscos, desde los carteles que anunciaban exposiciones museísticas, los coloquios universitarios que rivalizaban entre sí, los ciclos cinematográficos, las biografías y los números especiales en todo tipo de revistas, desde publicaciones populares hasta arcanas ediciones académicas. Sin embargo, en cierto modo, el hecho mismo de la conmemoración, la forma en la que la temporalidad particular enmarcó las imágenes y saturó el espacio urbano, drenó las referencias del 68 de cualquier detalle que lo hiciera interesante.

Hubo una excepción, una única excepción. Solo en una ocasión algunos rasgos distintivos del 68 fueron capaces de superar la brumosa palabrería de la conmemoración, abrirse paso directamente y mostrar el enorme vacío político que se necesita cubrir dentro de la configuración y la representación del presente. En enero del 2018, la atención de la población se vio arrastrada por la repentina reinvocación en los medios de masas de los diez años que duró la batalla iniciada en el sur de Francia, en 1971, por los ganaderos ovinos de la meseta de Larzac para mantener el control del altiplano de pastos en el que el Gobierno había puesto los ojos con la idea de transformarlo en campos de entrenamiento militar. De repente, las personas lo bastante mayores como para acordarse de esa lucha empezaron a desempolvar recuerdos de las tardes estivales de solidaridad vividas en los campos de Larzac, al tiempo que los periodistas jóvenes se apresuraban a ponerse al día sobre los problemas y entresijos de la cría de ovejas. La promesa que hicieron ciento tres familias del Aveyron en 1971 de bloquear la expropiación gubernamental de sus tierras dio paso a una contienda que duró una década, durante la cual cientos de miles de personas, tanto francesas como de otros lugares, recorrieron el camino hasta el altiplano del Larzac para mostrar su apoyo a la lucha que los agricultores acabarían ganando mucho después. Para muchos franceses, esta fue la primera vez que sintieron la necesidad de desplazarse ellos mismos y viajar una distancia tan grande por razones políticas.

La aparición repentina de una lucha que había sido resuelta —con éxito para los campesinos— unos cuarenta años antes estaba totalmente relacionada con un evento que tuvo lugar ese mismo mes de enero del 2018. El 18 de enero llegó a su fin la batalla, entonces aún en curso, más duradera de la historia de la Francia

41

de la posguerra, que había comenzado entre finales de la década de 1960 y principios de la de 1970. Los participantes de la ocupación de una pequeña área rural a las afueras de Nantes para bloquear la construcción de un aeropuerto internacional lograron una victoria decisiva. Lo que había nacido con unos pocos campesinos del pueblo de Notre-Dame-des-Landes que se negaban a vender sus tierras, unas 1618 hectáreas, que el Gobierno había escogido como emplazamiento de un nuevo aeropuerto, se había convertido en los últimos diez años en una ocupación de pleno derecho conocida como *zad*: una variopinta colección de campesinos, cargos electos, habitantes del pueblo, naturalistas y okupas que vencieron y consiguieron su objetivo de bloquear el avance de cualquier elemento de construcción. Como ya habían hecho los pastores en el Larzac de 1970, la *zad* atrajo hasta el lugar a decenas de miles de solidarios a lo largo de los años, quienes ayudaron a construir edificios y viviendas colectivas y acudieron a compartir la siembra, la cosecha, marchas y banquetes, así como a defender la vida salvaje y las marismas, además de, en resumen, la manera de vida colectiva autogestionada, semiautónoma, que se había desarrollado allí, en particular a partir del 2012. En enero del 2018, la *zad* ganó la batalla. El Gobierno de Macron anunció la decisión definitiva respecto al aeropuerto: no se construiría. En efecto, el Estado había caído derrotado por la persistente oposición colectiva. Este hecho por sí solo renovó enormemente las fuerzas, haciendo que se disiparan los sentimientos, demasiado familiares, de impotencia y fatalidad que con tanta intensidad impregnan la atmósfera política actual. En los eufóricos meses que siguieron a la decisión, los eventos de Larzac resurgieron para ser reexaminados en la prensa, pero entonces se entendían como un precedente, una posibilidad, una especie de modelo o forma por la que los ocupantes y los agricultores de la *zad* podrían continuar habitando su tierra y cultivándola de manera colectiva como se habían acostumbrado a hacer, en el territorio que seguía bajo su control. De repente, Larzac se entendía no como una idea tardía o un momento remanente del persistente legado de la década de 1960, sino como un emplazamiento cuyas aspiraciones solo podían completarse en el presente, bajo la forma de experimentos comunistas en la propia *zad*. La victoria de la *zad* visibilizó de nuevo Larzac y, de pronto, se reconfiguró toda la historia del último medio siglo.

Podemos medir el alcance de dicha reconfiguración mediante una simple observación. La *zad* devolvió la lucha de Larzac a la memoria de la gente, pero no logró que se recordase del mismo modo, por ejemplo, otra larga lucha que se mantuvo durante la década de 1970 en Francia y con la que Larzac solía ser emparentada —llegando incluso a ser planteadas como luchas «gemelas»—: la de las trabajadoras fabriles de Lip, en Besançon, quienes en 1973 emprendieron una huelga larguísima. El movimiento de Lip, la más

43

emblemática de las ocupaciones fabriles y de los experimentos duraderos de autogestión, «flanqueaba» de hecho la lucha de Larzac: la causa de este grupo mayoritariamente de mujeres que habían decidido ocupar su lugar de trabajo, en un intento por salvar sus empleos, fue adoptada y abrazada por la izquierda a lo largo de todo el país del mismo modo que se abrazó la apuesta de los ganaderos ovinos de preservar sus tierras. Hablando desde la parte más alta del altiplano del Larzac en agosto de 1973, frente a una multitud de casi cien mil personas, incluidas doscientas trabajadoras de Lip que habían recorrido todo el país en muestra de solidaridad, Bernard Lambert hizo un llamamiento al «matrimonio de obreros y campesinos, el matrimonio de Lip y Larzac».[21] En el llamamiento de Lambert resonaba y se expresaba la práctica y el pensamiento del movimiento de los *paysans-travailleurs* que él lideraba en aquellos momentos, y cuyos miembros habían sido los líderes del convoy que condujo los tractores hasta el corazón de Nantes en mayo de 1968, habían marchado desde Bretaña con Lambert para apoyar a los ganaderos ovinos de la zona de Aveyron, y también estaban entre los campesinos que se negaban a vender

---

[21.] Bernard Lambert, discurso pronunciado en Larzac, 1973. Hay un documental de Christian Rouaud, *Paysan et rebelle. Un portrait de Bernard Lambert*, Pathé Télévision, INA Entreprise, France 2 y France 3 Ouest, 2002.

sus tierras en Notre-Dame-des-Landes para acomodarse a las necesidades del comercio internacional. Obviamente se trataba del mismo comercio internacional (o internacionalizador) que había provocado la huelga en la fábrica de Lip, en la que el propietario tenía la intención de expulsar a un gran número de trabajadores, cuyos puestos de trabajo estaba trasladando a México. Los deseos de «unión matrimonial» de Lambert muestran de qué manera, en aquellos momentos, las luchas de Lip y Larzac se planteaban y se consideraban de un tirón como parte de lo mismo: eran batallas políticas muy importantes, de una duración excepcionalmente larga y consustanciales a su demanda de autogestión y autonomía.

En todo caso, dado lo asentadas que estaban las descripciones urbanas del supuesto conservadurismo recalcitrante de los *paysans*, así como de su presunto aislamiento e incapacidad de organizarse políticamente, junto con su continuo fracaso al forjar una solidaridad no solo con los trabajadores fabriles, sino también entre ellos mismos, daba la impresión de que eran los *paysans* los que más tenían que ganar en una unión así. De hecho, estarían «ascendiendo por vía matrimonial», ya que, al fin y al cabo, según la extendida visión que de ellos se tenía, los granjeros eran un colectivo retrógrado que se agarraba a la desesperada a viejos modelos desfasados, mientras que los trabajadores fabriles urbanos habitaban consciente y plenamente el momento histórico que les había tocado vivir. En su papel de componentes centrales para el desarrollo y los logros del capitalismo, los trabajadores fabriles eran, en efecto, la personificación del músculo capitalista. Por otra parte, como todo el mundo afirmaba, de Vladímir Lenin al más ferviente modernizador capitalista, los campesinos no eran más que vestigios del pasado destinados a ser barridos por el tiempo. Reliquias llamadas a ser superadas o reemplazadas. Uno de estos fervientes modernizadores, Michel Debré, verbalizó de forma escandalosa este estereotipo cuando explicó por qué, para empezar, el Gobierno había escogido el altiplano de Larzac para sus campos de entrenamiento militar. En sus palabras, la meseta estaba habitada por «unos pocos campesinos, no muchos, que a penas criaban algunas ovejas y vivían de manera casi "medieval"».[22] Pero, entonces, ¿por qué en el 2018, mientras que la lucha de las productoras de relojes en huelga de Besançon parecía desvanecerse en la historia como si se la tragase totalmente un pasado definitorio, la lucha de los agricultores de Larzac parecía encarnar el futuro?

Desde la perspectiva del 2018, esta realidad era incontestable, ya que en esa época la lucha de Lip se percibía como el cierre de una secuencia política particular que comenzó propiamente adoptando la forma de una

---

[22] Michel Debré, discurso emitido en televisión el 28 de octubre de 1971, recogido en el documental «La lutte du Larzac, 1971-1981», Atelier Arcadie, incluido en *Gardarem lo Larzac*, Potensac, APAL, 2000, 185 min.

práctica masiva durante la huelga general de 1936, y cuyo testigo recogieron con vehemencia la fábrica de Sud Aviation y otros puntos fabriles similares en 1968: la ocupación de fábricas en huelga. Desde el punto de vista histórico, la práctica de la ocupación de fábricas había tenido diferentes objetivos: era la principal muestra de la fuerza y la gravedad de la huelga, puesto que indicaba la voluntad de diferenciarse de modo evidente de otras acciones más artificiales, como las reuniones o la demandas, así como de otras huelgas parciales «simbólicas» que llevaban la marca de sindicatos y agrupaciones laborales que ya no movilizaban a los trabajadores. La ocupación de la fábrica se distinguía claramente de las manifestaciones en la calle para exigir un aumento salarial; la ocupación proclamaba la voluntad de tener el control del lugar en el que uno trabaja y la capacidad de decidir sobre sus ritmos y organización espacial. Como tal, la ocupación afirmaba el principio de que la fábrica y su equipo pertenecían a quienes sabían usarlos. A menudo la ocupación de fábricas también constituía un golpe económico significativo contra el propietario y la administración, ya fuese debido al paro del trabajo o a la apropiación por parte de los trabajadores de los frutos de su propio trabajo (cuando las trabajadoras en huelga de Lip visitaron Larzac, llevaron los relojes que habían hecho para venderlos). E involucraba asimismo una transformación total del espacio interior de la fábrica, ya que, en las factorías ocupadas, los obreros reemplazaban los ritmos estajanovistas de la cadena de montaje por los ritmos de la sociabilidad cotidiana, reconfigurando y abriendo el espacio fabril a las cenas comunales, al cuidado de los niños, al estudio y a la posibilidad de tener debates o hacer arte.[23] Lip representó el último aliento de la ocupación de fábricas, de la organización en la fábrica, puede que incluso el principio del fin de la organización política en torno al trabajo asalariado como principio de solidaridad. La palabra «multinacional», como nos recuerda Grégoire Chamayou, entró en el léxico francés justo en la misma época en la que los trabajadores de Lip fueron a la huelga —en la década de 1960 era una voz desconocida—, y, a la par que su entrada en el vocabulario, también apareció el largo proceso de externalización del trabajo fabril a la otra parte del planeta.[24] La internacionalización del comercio descentralizó el sujeto obrero francés haciendo que él o ella dejasen de estar, de forma bastante literal, «en el centro». Ciertamente el «sujeto obrero francés» ya no podía seguir encarnando, o esperar que encarnase, el único y verdadero grupo social destinado a traer el comunismo.

[23] Donald Reid, *L'affaire Lip. 1968-1981*, Presses Universitaires de Rennes, Rennes, 2020.

[24] Grégoire Chamayou, *La société ingouvernable*, La Fabrique, París, 2018, p. 157. [Hay trad. cast.: *La sociedad ingobernable*, trad. Alcira Bixio, Akal, Madrid, 2022, p. 257].

No obstante, una cosa es reconocer la progresiva descentralización de los trabajadores fabriles franceses en los últimos cincuenta años y otra muy distinta plantear que el *paysan* o la ruralidad son elementos determinantes del futuro. Porque eso supone un enorme cambio de perspectiva en relación con la anacrónica situación de la *paysannerie* dentro de la modernización capitalista y, en particular, tras la Segunda Guerra Mundial. En el estudio de Erag Ramizi acerca de la figura de la *paysannerie* en la ficción europea de principios del siglo xx, se muestra claramente como la firme persistencia de la actividad campesina y una economía campesina distintiva basada en gran medida, si no del todo, en el trabajo de subsistencia —el cultivo de la tierra, la reproducción de la explotación agraria y de las criaturas que en ella habitan siguiendo un modelo no acumulativo—, esta persistencia campesina crea una incongruencia con el capitalismo urbano que no se explica solo por la distancia espacial con los centros urbanos de poder.[25] Los productores campesinos con explotaciones familiares que se dedican de manera predominante, por no decir exclusiva, a la actividad de subsistencia también constituyen una incongruencia *temporal*, tanto en los ritmos cotidianos como en la dimensión histórica. Su arraigo en el territorio es, en

---

[25] Erag Ramizi, «Troublesome anachronisms. The peasant question and European realism, 1887-1917», tesis doctoral, Universidad de Nueva York, septiembre del 2016, pp. 1-48.

sí mismo, una indicación de que sus preocupaciones residen significativamente en el pasado y, por ello, chocan o entran en conflicto con las preocupaciones del presente capitalista: crecimiento, progreso, acumulación, movimiento, velocidad, fungibilidad. En este sentido, para Ramizi, los *paysans* son ejemplos activos y actuales de lo que Raymond Williams denominó las fuerzas «residuales, efectivamente formadas en el pasado, pero que seguían estando activas en el proceso cultural».[26] De hecho, son remanentes humanos que portan la firma de tiempos pasados, pero de un pasado que sobrevive en el presente. El tan a menudo remarcado «conservadurismo» o tradicionalismo de los *paysans* no suele ser más que la indomable determinación que se les exige para defender y preservar la supervivencia de su unidad básica tanto de producción como de consumo: la granja familiar. Para ellos, es una cuestión de mantener lo que es antiguo y funciona. Desde el punto de vista privilegiado de la ciudad, su exclusión del proceso de modernización dominante los hace parecer desfasados, se los considera «rarezas

---

[26.] Raymond Williams, *Marxism and literature*, citado en Ramizi, «Troublesome anachronisms», *op. cit.*, p. 22: «Lo residual, por definición, ha sido efectivamente formado en el pasado, pero todavía se halla en actividad en el proceso cultural; no solo, y a menudo ni eso, como un elemento del pasado, sino como un elemento efectivo del presente», *Marxismo y literatura*, Las Cuarenta, Buenos Aires, 2019, p. 167. *(N. de la T.)*

50

atávicas» —la frase es de Ramizi— y sus esporádicas revueltas y sus insatisfacciones no se entienden más que como el signo de un conservadurismo inacabable y de su rechazo a dejar ir los viejos tiempos. Lambert, en primera línea de este frente en el que se intentaba mediar entre dos ópticas tan diferentes como son la de la metrópolis y la del campo, era muy consciente de la atrincherada naturaleza de los estereotipos en juego. Al parecer, él mismo se encontró con frecuencia confrontado por la difícil pero absolutamente indispensable tarea de «proporcionar una interpretación política correcta de determinadas acciones que a menudo corren el riesgo de parecer revueltas *poujadistas*».[27] De hecho, para Lambert, esta labor crucial de educación política formaba el núcleo mismo del programa político de la *paysannerie* radical. En cuanto al punto de vista de la izquierda urbana, este no había cambiado mucho desde los días en los que Élisée Reclus escribió el panfleto «À mon frère le paysan». Solo desde una óptica totalmente alejada de su realidad podía entenderse el descontento de los campesinos como algún tipo de poujadismo incipiente.[28]

[27.] Bernard Lambert, citado en Gaël Franquemagne, «Les mobilizations socio-territoriales: le Larzac, une cause en movement», *Science Politique*, Université Montesquieu-Bordeaux IV; Institut d'Études Politiques de Bordeaux, 2009, p. 231.

[28.] El poujadismo (1953-1958) fue un movimiento político y sindical francés impulsado por Pierre Poujade. Reivindicaba

51

Pero ¿qué pasaría si, en lugar de la visión de la ciudad, pudiésemos adoptar lo que Maria Mies y Veronika Bennholdt-Thomsen denominan la «perspectiva de subsistencia»?[29] No se trata de un modelo abstracto teórico; es una visión generada a partir de una concepción diferente de la «economía», una visión que es al mismo tiempo más antigua que el capitalismo y mucho más reciente; una visión que hace de la vida y de la conservación de lo vivo su principio rector.[30] La perspectiva de subsistencia constituye una orientación marcadamente diferente de lo requerido para la producción de mercancías, puesto que exige averiguar cómo —y cuánto— queremos producir y consumir, y organizarnos de modo colectivo para lograrlo.

La perspectiva de subsistencia ofrece una manera de concebir y practicar una economía diferente, y de crear otros tipos de relaciones sociales. Transforma la

___

la defensa de los comerciantes y artesanos frente a los grandes centros comerciales y criticaba el parlamentarismo de la Cuarta República. El término adquirió un matiz peyorativo y se usa para referirse a un movimiento político-corporativista, de tendencias reaccionarias, propio de las clases medias. *(N. de la T.)*

[29] Maria Mies y Veronika Bennholdt-Thomsen, *The subsistence perspective. Beyond the globalized economy*, trad. Patrick Camiller, Maria Mies y Gerd Weih, Zed Books, Londres, 1999.

[30] Para un análisis sociológico de esta economía alternativa, véase Geneviève Pruvost, *Quotidien politique*, La Découverte, París, 2021.

exclusión de la *paysannerie* del funcionamiento dominante de la modernización y la convierte en otro camino por el que seguir avanzando. Convierte el hecho de que no estén completamente subordinados a las relaciones de mercado en un punto de fuga, una potencialidad, una regeneración. Hace de la «subsistencia» un sinónimo de abundancia y no de escasez. Al fin y al cabo, lo «residual», tal como nos recuerda Williams, mantiene «una relación alternativa e incluso antagonista con la cultura dominante».[31] Solo por el hecho de estar chocando con el presente y con las preocupaciones presentes, lo caduco de lo residual se puede metamorfosear en lo «emergente». Al encarnar «una fisura, una rotura, un choque», en palabras de Ramizi, lo anacrónico se puede convertir en el «heraldo de lo nuevo».

En el análisis de Ramizi, la transformación ocurre cuando los campesinos dejan de mostrarse como simples representaciones de un anacronismo inerte («meros sacos de patatas», como dice Marx),[32] y pasan a ser

---

[31] Raymond Williams, citado en Ramizi, «Troublesome anachronisms», *op. cit.,* p. 22. [«Es fundamental distinguir este aspecto de lo residual, que puede presentar una relación alternativa e incluso de oposición con respecto a la cultura dominante, de la manifestación activa de lo residual (siendo esta su distinción de lo arcaico) que ha sido total o ampliamente incorporado a la cultura dominante», *Marxismo y literatura, op. cit.,* p. 167].

[32] La más citada de las caracterizaciones hechas por Marx de los campesinos, en la que los compara con «sacos de patatas», se

activa e incluso descaradamente anacrónicos, cuando utilizan su conflicto con el presente para convertirse, como los granjeros de Larzac, en auténticas moscas cojoneras, cuando emulan la arena que se cuela en los engranajes de los tanques para destruirlos. En cuanto se meten por medio o se niegan a permitir que sus propios y distintivos ritmos temporales se vean determinados o subsumidos por el uniformado tiempo de trabajo de la economía capitalista moderna, transforman la situación. Al fin y al cabo, el beneficio individual y la competición son externas a la economía de subsistencia y a la cultura campesina en general. Es de sobra conocido que en la agricultura indígena y las prácticas campesinas persisten elementos prácticos del comunismo y de la solidaridad orgánica. El pequeño o la pequeña productora autónoma mantiene su productividad tanto ajustándose a la tradición como respetando las condiciones naturales que encontró. El principio de producción de la economía campesina

---

recoge en *18 de brumario*: «La parcela, el campesino y su familia; y al lado, otra parcela, otro campesino y otra familia. Unas cuantas unidades de estas forman una aldea y unas cuantas aldeas, un departamento. Así se forma la gran masa de la nación francesa, por la simple suma de unidades del mismo nombre, al modo como, por ejemplo, las patatas de un saco forman un saco de patatas». Karl Marx, *The 18th Brumaire of Louis Bonaparte*, International Publishers, Nueva York, 1963, p. 124. [Para la traducción al castellano, consúltese la edición digital: *18 de brumario*, lc.cx/8bFT8n].

consiste en satisfacer las necesidades inmediatas de la familia y preservar con ello el desarrollo de la autonomía familiar. Como repositorio de los valores de uso, así como del conocimiento de la tierra y de sus usos, los *paysans* son una fuente de memoria y de historia (el valor de cambio, por el contrario, no posee historia propia). Por otra parte, la agricultura capitalista, cuya única perspectiva es la valoración y el beneficio económico, disuelve las antiquísimas e inmemoriales prácticas de la agricultura campesina regenerativa y reorganiza por completo la producción y sus condiciones materiales y tecnológicas, además de su temporalidad.

El mundo agrícola está especialmente bien preparado para entender cuándo el objetivo económico que busca la sociedad, debido a la propia manera de perseguirlo, está condenado al fracaso. Gracias a sus propiedades y condiciones materiales concretas, la vida agraria constituye por necesidad la base de cualquier economía o sociedad alternativa. En la medida en que los *paysans* sean protegidos contra las vicisitudes y las presiones del mercado capitalista, devendrán portadores de un conjunto de prácticas y saberes alternativos, y puede que lleguen a tener el reconocimiento como guardianes de una economía basada en la reciprocidad y el intercambio de valores de uso y dejen de ser considerados fuerzas contrarrevolucionarias, simples repositorios de algo equiparable a la esencia nacional. La gente a la que Marx llamó «la clase que representa el barbarismo dentro de la civilización» también puede representar perfectamente el potencial para un nuevo futuro político.[33]

De hecho, según Bernard Lambert, ya se había llegado al punto de inflexión, encarnado en la transformación puesta en práctica en la década de 1970 por los *paysans-travailleurs* de la región occidental y los agricultores de Larzac. «Nunca más —siguió arengando a las masas en la meseta de Larzac durante el verano de 1973—. Los campesinos nunca más serán versalleses... Lo hemos demostrado». Los *paysans* jamás volverían a ser utilizados como instrumentos de represión de la Comuna. Al contrario, ahora representarían su persistencia, su regeneración.

---

[33] Karl Marx, *Class struggles in France 1848-1850*, International Publishers, Nueva York, 1964, p. 71. [Hay trad. cast.: lc.cx/ ks5dFn].

El cuento de los tres aeropuertos

Cincuenta años después, la victoria de la *zad* en Notre-Dame-des-Landes aportó renovadas fuerzas y un nuevo público a los ya apasionados discursos de Lambert al revivir la guerra de los ganaderos ovinos contra el Estado, reformulándola como una cuestión dramática de inmensa importancia para nuestro presente. En otras palabras, es solo gracias a la existencia de la *zad* en Notre-Dame-des-Landes, y otras ocupaciones similares, que somos capaces de percibir como propia la genealogía que estoy trazando y sentirnos apelados por una figura como la de Bernard Lambert. Y ahora, gracias a que Larzac vuelve a estar en el candelero, es posible percibir bajo una nueva luz otras luchas contemporáneas en defensa del territorio.

A finales de la década de 1960, por ejemplo, los agricultores japoneses de la prefectura de Chiba, a las afueras de Tokio, dejaron clara su intención de impedir que su tierra se convirtiese en lo que actualmente es el aeropuerto de Narita. La designación por parte del Gobierno de la llanura de Kantō como emplazamiento del aeropuerto, a más de sesenta kilómetros del centro de Tokio, demostró ser un inmenso error. En aquellos momentos, el país estaba dirigido por el denominado «triángulo de hierro»: una alianza entre la Administración pública, los grandes grupos industriales agrupados en el Keidanren y los políticos conservadores del partido democrático liberal (que no era ni democrático ni liberal).[1] Tras la poco acertada elección de Narita como emplazamiento del aeropuerto, debido en parte a que podían expropiar las tierras de la familia imperial para dedicarlas al proyecto, el poderoso ministro de Transporte fue más allá y exigió que los agricultores de la región cediesen también sus tierras para facilitar el espacio necesario para las cinco pistas proyectadas en aquel plan grandioso. La resistencia local a lo que los agricultores bautizaron como la construcción de una «puerta al vacío» se organizó a comienzos de 1966 y dio paso a una década de terribles y mortíferas batallas entre el Estado y los agricultores que se negaron a abandonar sus tierras, hábilmente apoyadas por la extrema izquierda Zengakuren (miembros del Sindicato Nacional de

---

[1]. Afirmación de Philippe Riès en el breve pero informativo artículo «De Narita à Notre-Dame-des-Landes. Chronique de l'obstination bureaucratique», *Mediapart*, 18 de noviembre del 2012.

Estudiantes).[2] Estas batallas, tremendamente ejemplarizantes, casi homéricas, inmortalizadas en las películas de Shinsuke Ogawa y en los documentales del bretón Yann le Masson inspiraron, en palabras de muchos militantes franceses de la época, sus propios choques frontales y físicos con la policía, tanto en las calles de París como en otras ciudades francesas, en 1968.[3] Sanrizuka, el nombre con el que acabó siendo conocida esta lucha, se había convertido en un mundo propio fuera, al menos en parte, de la jurisdicción estatal.

Los altercados más violentos tuvieron lugar en septiembre de 1971, cuando tres agentes de policía perdieron la vida en una batalla con miles de miembros en ambos lados. Pese a que la apertura de Narita estaba programada para aquel mismo año, el primer avión no aterrizó hasta 1978 y lo hizo en la única pista construida hasta entonces (la cual siguió siendo la única hasta el 2002). Narita, con un coste de decenas de miles de millones de dólares, fue un fracaso logístico: inactivo durante la noche, demasiado lejos de Tokio, demasiado caro para muchas compañías

---

[2.] Shima, en Shadojin, *Kaishi-suru Fukei/A dying landscape. The words and lives of the Sanrizuka peasants,* Soshisha, 2005 [1976], p. 13.

[3.] Véanse los ciclos de documentales de Shinsuke Ogawa, «Summer in Sanrizuka» (1968), «Narita: the peasants of the second fortress» (1971), «Sanrizuka-Heta Village» (1973) y «Sanrizuka: the skies of May, the road to the village» (1977). Véase también Yann le Masson, «Kashima Paradise» (1973).

de aviación con poco margen para competir económicamente con las grandes empresas y accesible solo desde autopistas a su vez plagadas de tráfico.

Más o menos en la misma época en la que los campesinos japoneses empezaron a combatir la expropiación de sus tierras, el Gobierno francés designaba una porción de terreno agrícola a las afueras de Nantes como emplazamiento de un nuevo aeropuerto internacional. A lo largo de los muchos años que siguieron a esta decisión gubernamental, cambiaron repetidamente las justificaciones para su construcción y sus patrocinadores. Sin embargo, el proyecto tiene sus raíces en los sueños y el pensamiento mágico de una burguesía regional, que incluso podríamos catalogar de burguesía criolla, extasiada por la floreciente retórica desarrollista durante los principales años de crecimiento económico de los denominados Treinta Años Gloriosos. En un momento dado, el aeropuerto debía ser el punto de salida y de llegada del Concorde para aliviar a París de la contaminación acústica masiva. Más tarde se incluyó en los presupuestos bajo la rúbrica de tercer aeropuerto del área del Gran París. En los años posteriores, se autodenominaría el «Grand Aeroport de l'Ouest» en un intento por darse algo de importancia de cara a la fiera competición regional por atraer el turismo y las oportunidades comerciales. Las sumas gastadas en «estudios» diseñados para darle un barniz científico al proyecto superaban de largo el precio de compra de la tierra necesaria para construirlo, un área que, según los cargos del Gobierno, estaba «casi desierta». Esta consideración del territorio como un desierto no hacía más que repetir el tropo colonizador popularizado, como hemos visto, por Michel Debré en relación con los campesinos de Larzac y que se justificaba por la supuesta escasez de población previa a la invasión. Con todo, pese a dicha retórica, la realidad era que el área escogida no era ningún desierto; de hecho, e irónicamente, gran parte estaba conformada por humedales, una categoría casi desconocida o no reconocida hasta la década de 1970. Y estaba poblada por obreros agrícolas.

Estas afirmaciones allanaron el camino para que en 1974 se designaran unas 1618 hectáreas, en las que se encontraban unas cuantas docenas de granjas, como emplazamiento del futuro aeropuerto y que, desde el punto de vista administrativo, el área se considerase una ZAD o *zone d'aménagement différé* («zona de desarrollo diferido»). Este estatus concedió el tiempo al Estado para comenzar a comprar la tierra de los campesinos dispuestos a vender o a comprar siempre que un granjero moría y sus hijos vendían y pasaban a formar parte del éxodo rural familiar para tantos. Pese a que el lento proceso de expropiación seguía su curso, la crisis energética hundió el conjunto del proyecto en uno de los largas e intermitentes hiatos que marcaron su historia. Este último lapso de inactividad institucional se alargó durante las décadas de 1980 y 1990, y el aeropuerto cayó en el olvido; sin llegar a morir, sin duda tampoco estaba realmente vivo. Sin embargo, en el ínterin, la

61

zona se benefició de lo que solo puede calificarse como un efecto secundario de la enfermedad que la condenaba a acabar cubierta algún día por un manto de cemento, algo bastante similar a lo que le sucedió a Cuba durante el periodo especial: demasiado empobrecida para comprar los fertilizantes químicos que antes le proporcionaban los rusos, se convirtió *de facto* y de manera inadvertida en una zona agrícola protegida, un *bocage*[4] («bardisa») con todos sus setos, bosques y abigarrados campos intactos, diversificados y complejos.

Cualquiera que haya cruzado en coche las vastas extensiones llanas creadas a base de monocultivos industriales ha podido observar lo raro y escaso que ha pasado a ser el antiguo paisaje medieval del *bocage*. Ha sido también testigo, puede que incluso sin ser consciente de ello, de las fuerzas que destruyeron el *bocage*: un proceso, familiar para los urbanistas, de reificación rural y de reestructuración agresiva que en el entorno rural francés

---

[4] El *bocage* o bardisa consiste en un paisaje de pequeñas parcelas irregulares (tanto de cultivo como prados) limitadas entre sí por setos vivos, muretes y terraplenes, además de árboles que bordean los caminos y marcan las lindes. La población humana que vive en él está diseminada en granjas aisladas, pueblos pequeños y aldeas. La distribución de los terrenos deriva de la división de tierras en el momento de heredar y se asocia con el minifundismo. Espacios de gran variedad ecológica, crean corredores biológicos y su gran resiliencia frente a las condiciones meteorológicas los convierte en elementos indispensables contra la desertización. *(N. de la T.)*

62

se denomina *remembrement* («concentración parcelaria»). La «concentración» se produce cuando un territorio que otrora permitió la subsistencia es reorientado y alterado para producir beneficios económicos; la implementación de este modelo de agrupación territorial experimentó el periodo de más actividad durante las décadas de 1980 y 1990. Con la llegada de la enorme maquinaria agrícola, se arrasaron los setos y otros obstáculos naturales para nivelar el terreno y crear parcelas de propietarios agroindustriales únicos, dedicados al monocultivo, especialmente en Bretaña. La destrucción de los setos, de los arbustos y del bardal, al tiempo que inundan los campos de sustancias químicas, aumenta la producción y abarata los alimentos, pero tiene un alto coste: el agotamiento del suelo. Incluso Marx, en el siglo XIX, era consciente de que lo que se tenía por «progreso» en el campo también causaba la degradación del suelo:

> *Y todo progreso de la agricultura capitalista no es solamente un progreso en el arte de esquilmar al obrero, sino también en el arte de esquilmar la tierra, y cada paso que se da en el incremento de su fertilidad dentro de un periodo de tiempo determinado, supone a la vez un avance en la ruina de las fuentes permanentes de esta fertilidad.*[5]

---

[5] Karl Marx, *Capital*, vol. 1, Penguin, Londres, 1976, pp. 637-638. [Para la traducción al castellano, hemos usado la edición de Akal, *El capital*, libro I, tomo II, Madrid, 2022, p. 251].

La «concentración» hace del monocultivo una obligación ineludible imponiendo sus técnicas y tecnologías. Y cuanto más se simplifican y más se aplana el territorio, forzando la conversión de los ecosistemas cultivados en inmensas superficies horizontales, más inhumanas y complejas se vuelven las tecnologías usadas para trabajarlo.[6] Al transformar la apariencia de la superficie de la tierra, al tiempo que modifica su uso, el *remembrement* elimina también la memoria corporal de la región. Irónicamente, este fue el destino que evitó Notre-Dame-des-Landes al ser designada como emplazamiento del futuro aeropuerto. Los promotores inmobiliarios eran reacios a construir cerca de un futuro aeropuerto y nadie quería vivir en las inmediaciones, por lo que, además de *evitar* el *remembrement*, en la zona de Notre-Dame-des-Landes se mantuvo a raya la suburbanización que estaba asolando gran parte del área en torno a Nantes. El paisaje medieval del *bocage* se convirtió en una especie de teseracto o remanente feudal: un pliegue de un tiempo pretérito que seguía vivo en el presente.

Y, mientras los comités de urbanismo comenzaban a diseñar el aeropuerto de Notre-Dame-des-Landes, en la otra parte del planeta el Gobierno canadiense, anticipándose a los Juegos Olímpicos de 1976, decidió construir a las afueras de Montreal lo que, fugazmente,

---

[6.] Este punto se desarrolla con elocuencia en un texto reciente de un colectivo de campesinos, L'Atelier Paysan: *Reprendre la terre aux machines*, Seuil, París, 2021, p. 128.

fue el aeropuerto más grande del mundo, de dimensiones nunca antes imaginadas. El proyecto, con el que el Gobierno se haría con casi cuarenta mil hectáreas, conllevaba la expropiación de tierras más extensa de la historia de Canadá, que afectaba a dieciséis poblaciones, pueblos y parroquias. El 75 por ciento de la tierra expropiada era agrícola y gran parte de ella constituía suelo de gran calidad; se arrasaron bosques y granjas que habían pertenecido a múltiples generaciones familiares y se demolieron comunidades y pueblos enteros.

Tal y como se había hecho en Francia, se movilizó agresivamente la atronadora retórica desarrollista ensalzada durante los últimos años del boom económico de posguerra con el objetivo de generar cierto nivel de aceptación, aunque no se lograse entusiasmar a nadie con el proyecto del aeropuerto. Y, a diferencia de Japón, la oposición organizada por los agricultores quebequenses contra la expropiación creció con lentitud. Durante varios años, unas trescientas familias se negaron a vender. «Esta es la tierra de mi familia. Nací aquí y aquí me criaron, y la granja es mía desde hace veintiún años. Conozco esta tierra y sé lo que puedo lograr, y eso me ha llevado muchos años aprenderlo».[7] Sin embargo, la gran mayoría de los agricultores

---

7. Fernand Ladoucer, citado en Paul Waters, «Progress spells doom for family farms», *Montreal Gazette*, 15 de diciembre de 1972, p. 10.

aceptaron la oferta del Gobierno, que más tarde demostró estar muy por debajo del precio del mercado. En marzo de 1969, unas doce mil personas habían perdido sus tierras.

Con los agricultores efectivamente fuera de juego y sus tierras expropiadas, se construyó el aeropuerto de Mirabel, que se puso en marcha en 1975. Pero parece que se construyó demasiado lejos de la ciudad y, como sucedió con Narita, fue un fracaso logístico. Los pasajeros preferían el aeropuerto ya existente, más cercano a la ciudad, y evitaban el nuevo (conocido popularmente como el «elefante blanco»), que, en consecuencia, se vio forzado a transportar solo flete y carga. Pese a todo, ni siquiera así logró obtener beneficios. Durante muchos años, el único uso real del aeropuerto fue el de escenario cinematográfico. Acabó siendo demolido en el 2014, tras generar un gasto enorme.

Muchos años después, el Gobierno intentó atraer de nuevo a los agricultores a la región, pero no tuvo mucho éxito.

Entre 1972 y 1985, gran parte de los agricultores que sufrieron estas expropiaciones no fueron capaces de reunir dinero suficiente para mudarse a una tierra similar. La mayoría de ellos se vieron obligados a comprar terrenos más pequeños o, directamente, a quedarse sin tierras. Algunos se marcharon a las zonas urbanas de alrededor y abandonaron la agricultura para siempre [...]. Se

66

otorgó prioridad a los antiguos residentes de cara a la readquisición de terrenos, pero muchos de los que se habían ido a las ciudades no regresaron, por lo que algunas familias decidieron aprovechar la oportunidad y compraron la tierra de sus antiguos vecinos, lo que allanó el camino a la llegada del cultivo y la ganadería industriales a la zona.[8]

A consecuencia de la desposesión masiva que provocó, el catastrófico interludio producido por la existencia del aeropuerto de Mirabel impulsó la transformación de una región de cultivo de subsistencia en enormes parcelas de terratenientes agroindustriales. Incluso sin el aeropuerto, «la visión Mirabel» demostró ser un activo para la era de los reactores del futuro.

Lo que dejan claro estos tres ejemplos —en Europa, Asia y las Américas— es que, a partir de la década de 1960, el aeropuerto, o más bien el aeropuerto internacional, había emergido como el principal símbolo planetario de lo que ahora se denominan «proyectos faraónicos de infraestructura» impulsados por el Estado. Se trata de megaproyectos edificados sobre deuda contraída en nombre del bien público con el objetivo de financiar el beneficio económico privado; invariablemente caracterizados por sobrecostes significativos,

---

[8]. Éric Gagnon Poulin, «Mirabel airport. In the name of development, modernity, and Canadian unity», *Economic Anthropology*, abril del 2022, p. 7.

demuestran una ineficacia generalizada a medida que se van construyendo. E, invariablemente también, causan una destrucción inmensa en el entorno natural y material en el que se emplazan. Por poner solo un ejemplo, pensemos por un momento en lo que se necesitó para convertir la tierra agrícola quebequense en terreno apto para el aterrizaje de reactores: solo la primera pista requirió 209.488 metros cúbicos de hormigón, 308 millones de kilos de grava, 662 millones de kilos de arena y 38,5 millones de kilos de asfalto de mezcla en caliente.[9] De los tres aeropuertos, solo uno sigue en pie: Narita, un monumento a la obstinación burocrática que dio origen a los tres proyectos.

Uno de los aspectos más peculiares de estos proyectos de desarrollo aeroportuarios era su redundancia: en los tres casos ya había un aeropuerto internacional cerca, a saber, en Montreal, Nantes y Tokio, los cuales eran absolutamente funcionales. Se esperaba que Narita proyectase una imagen internacional de Japón más abierta de lo que hacía Haneda, y Mirabel, como hemos visto, se diseñó de cara a lo que Trudeau, el entonces primer ministro canadiense, modestamente llamó «un proyecto para el siglo XXI». Los promotores de Mirabel, en su mayor parte oriundos de Ottawa y no de

---

[9] Bret Edwards, «Breaking new ground. Montreal's Mirabel International Airport, mass aerobility, and megaproject development in 1960s and 70s Canada», *The Journal of Canadian Studies*, vol. 50, n.° 1, 2016, p. 25.

68

Quebec, estaban convencidos de que el aeropuerto cambiaría la imagen «desfasada» de la Canadá francófona y haría que más gente de fuera de Canadá «asociase Montreal y sus habitantes con lo moderno y global».[10] Asimismo, serviría como elemento disciplinario en una provincia rebelde que se había opuesto a la envergadura y la localización del aeropuerto; una herramienta para demostrar a Quebec que quien manda es el Gobierno federal. En lo que se refiere al aeropuerto a las afueras de Nantes, cuando se imaginó el proyecto entre finales de la década de 1960 y 1970, los hombres de negocios de Nantes concibieron un destino industrial para la región bajo la premisa de que haría temblar a los alemanes y a los japoneses, puesto que lo único que se necesitaba para crear el «Róterdam aéreo de Europa»[11] era trasladar el aeropuerto situado en la ciudad hasta otra zona a unos veinte kilómetros.

Que la respuesta a la floreciente competición comercial internacional y al comienzo de la ralentización del boom económico de la posguerra acabase adoptando la forma de expropiación de tierras trabajadas por agricultores con el objetivo de construir nuevos aeropuertos en Asia, Europa y las Américas demuestra claramente lo ubicua que se ha vuelto la lógica del

---

10. *Ibid.*, p. 21.
11. Jean de Legge y Roger le Guen, *Dégage! On aménage*, Le Cercle d'Or, Les Sables-d'Olonne, 1976.

69

«mundo aéreo» y del comercio internacional que lo alimenta.[12] Aunque no escrito, existía un acuerdo mundial *de facto* por el que el comercio global de lujo —el rápido transporte de rosas peruanas, iPads y salmón ahumado que, al igual que el de la inmensa mayoría de los productos de lujo, había pasado a ser aéreo— era la fuerza que impulsaba el crecimiento económico. En todo el mundo se había acordado que el crecimiento económico era lo único que importaba, ahora y en última y definitiva instancia. Otro beneficio que ofrecían los aeropuertos internacionales era, y es, que cumplen una doble función al servicio de los artículos de lujo: en su capacidad como extensión de la «cultura del centro comercial», actúan como un espacio de exposición privilegiado exhibiendo habitualmente mercancía de gama alta inútil en *boutiques* sin ventilación a pasajeros cada vez más atrapados por la obligación de pasar horas haciendo cola en controles de seguridad y esperando vuelos.

La cualidad más apreciada del mundo aéreo era la *ausencia de fricciones*: la capacidad de desplazar personas y mercancías por todo el mundo lo más rápido y con el menor esfuerzo posible. El mundo aéreo es un

---

12. John Kasarda y Greg Lindsay, *Aerotropolis. The way we'll live next*, Farrar, Straus & Giroux, Nueva York, 2011. Véase también la lectura de Will Self de *Aerotropolis...* en *London Review of Books*, 28 de abril del 2011, pp. 10-11.

ámbito en el que el valor de cualquier objeto de la vida terrenal se calcula en relación con su servicio al capital. Las personas y las cosas, arrancadas de sus funciones vitales, son susceptibles de ser convertidas en inversiones trasladables y nada más que eso, en una esfera en la cual la fungibilidad del espacio —a diferencia del tiempo— se da por supuesta. Y, dado que se sigue afirmando —pese a las pruebas acumuladas que lo contradicen— que el progreso es lineal, inevitable y beneficioso, cualquier freno que se le ponga a esa veleidad, a la expansión de ese «mundo aéreo», significará ineludiblemente colapsar y caer de nuevo a las cavernas en las que vivían nuestros ancestros. O puede que, en nuestros días, quiera decir volver a arrojarnos a los tiempos del *bocage*, con todas las connotaciones asociadas, como «retrógrado», «estrecho de miras», «retrasado» y «oscurantista», recogidas en expresiones del lenguaje popular francés como «Il faut qu'il sort de son bocage, celui-là!» («¡Tiene que sacar la cabeza de la cueva!»).

La ausencia de fricciones en un grado propicio para el mundo aéreo y su lógica desarrollista requiere la integración de todas las tecnologías en un mismo sistema, una especie de modernización integral de la vida cotidiana. En la década de 1970 se logró construir, en todos los sentidos, un espacio-tiempo en el Norte Global administrado e interconectado en su totalidad. El grado de modernización capitalista es directamente proporcional a la existencia del campesinado, es decir, cuanto mayor y más profunda sea la eliminación del campesinado y de otros molestos «remanentes del pasado», junto con sus diferentes ritmos vitales y economías, del conjunto de la población nacional, más avanzada se considera que está la modernización capitalista.

La historia de los tres aeropuertos también nos permite afirmar que, desde la década de 1960, la verdadera batalla entre trabajo y capital no se desarrolla ya en las ciudades, y que su terreno no es ni el de las demandas salariales de los sindicatos y del trabajador ni el desempleo o la generación de plusvalía. De hecho, puede que la batalla que debamos librar lleve ya tiempo en marcha, mediante diversas maneras de atacar a la *paysannerie* en todo el planeta, la inexorable acumulación primitiva o el robo y acaparamiento de territorios que no solo priva a las personas de la tierra —aunque la tierra, al fin y al cabo, es lo más importante para mucha gente—, sino que también las desposee de sus medios de producción y de su capacidad para sostenerse a sí mismas o, lo que es lo mismo, las despoja de su autonomía. La tierra y la forma como esta se trabaja es el factor más importante de una sociedad ecológica alternativa. La auténtica guerra que libra el capitalismo es contra los medios de subsistencia, ya que estos permiten una economía cualitativamente diferente; esta implica, en efecto, que la gente viva de otro modo, a partir de un concepto distinto de lo que constituye la riqueza y lo que significa «necesidad».

72

Guiada por el valor intrínseco y el interés de los pequeños productores, artesanos y campesinos, conlleva la creación gradual de un tejido de solidaridades vívidas y activas, y de una vida social construida a base del intercambio de servicios, cooperativas, cooperación y asociación informal. Busca expandir las esferas de actividad en las que no prevalece la racionalidad economicista. Es decir, lucha por una vida que no esté moldeada y conformada por el mercado laboral, una vida en los extrarradios del mundo organizado por el Estado y las finanzas. Estas son las líneas generales de la forma-comuna.

Maria Mies y Veronika Bennholdt-Thomsen nos recuerdan que, en lugares como Europa, no hace tanto que se ha producido este giro masivo a la economía acumulativa en lo rural y que es resultado de las políticas aplicadas, en su mayor parte, durante las décadas de 1960 y 1970. En su opinión, conviene tener en cuenta este dato, porque significa que la perspectiva de subsistencia conecta orgánicamente con un tiempo y un pasado que muchos podemos recordar o por el que nos podemos sentir apelados, aunque no haya formado parte de nuestra experiencia personal. Desde este punto de vista, la *zad* de Notre-Dame-des-Landes no es un ejercicio de pura voluntad creado de la nada por activistas anarquistas. La inteligencia política de la *zad* reside en su capacidad para conectar con una larga y persistente tradición, y con los deseos de insurgencia campesina de la zona, como hizo al revivir la memoria tanto de la lucha de Larzac como de otras batallas por el territorio aún palpables en el recuerdo. Imaginar la posibilidad de vivir de otra manera es mucho más sencillo cuando hay gente que aún recuerda un tiempo en el que se vivía de otro modo. «Otro mundo es posible» fue uno de los eslóganes de Larzac, el movimiento que Bernard Lambert predijo que se convertiría en «el laboratorio sobre el terreno de Francia».[13] Otro mundo es posible porque otro mundo fue posible y no hace tanto de eso.

Lo que quiero decir es que la existencia de la *zad*, junto con otras luchas actuales por el territorio, altera la percepción del pasado reciente y especialmente la manera en que visualizamos las décadas de 1960 y 1970. Los movimientos contemporáneos transforman y reconfiguran lo que es visible de esos tiempos no tan lejanos y otorgan nuevos nombres a lo que ahora podemos ver y recordar. Gracias a la forma que han adoptado las batallas y las ocupaciones ecológicas contemporáneas, las luchas tanto de Larzac como de Sanrizuka (Narita) se perciben hoy como lo que realmente fueron: algunas de las batallas más determinantes para todo el planeta durante dichas décadas.[14]

---

[13] Bernard Lambert, citado por José Bové en Chavagne, *Bernard Lambert...*, *op. cit.*, p. 179.

[14] Para una lectura de cómo se ha desarrollado en nuestro tiempo la lucha contra el mundo aéreo, véase antiaero.org.

74

Porque, de hecho, fueron estas batallas las que reconfiguraron las líneas de conflicto de toda una era. Dicho de otra manera, hablar de la década de 1960, dejando de lado otros posibles significados, es nombrar un periodo en el que la gente, en todo el planeta, comenzó a darse cuenta de que la tensión entre la lógica desarrollista y las bases ecológicas necesarias para la vida conformaba la contradicción primaria que definía su vida. Podemos calificar esta época como momento de lucidez, un despertar o, mejor, un redespertar de la consciencia comunal. Daba la impresión de que, a partir de entonces, cualquier esfuerzo por cambiar la desigualdad social debería conjugarse con otro imperativo: cuidar la vida. No podría haber más política que la ecológica. No se podría tomar ninguna decisión sin tener en cuenta las propias condiciones necesarias para el mantenimiento de la vida: la composición de la atmósfera, la calidad y cantidad de las tierras cultivables, la disponibilidad de agua o el nivel de contaminación. Lo que emprendieron estos movimientos, y lo que confirma la *zad*, es la defensa de las condiciones para la vida en el planeta, que se convirtió en el nuevo e indiscutible horizonte de toda lucha política significativa. Con ello, materializaron la silueta de una concepción política flamante, una comprensión política renovada de lo cotidiano y del modo de gestionar las cuestiones comunes. Y así surgió una nueva manera o, mejor dicho, una antigua nueva manera de organizarse, sustentada en la idea del territorio como praxis producida por las relaciones basadas en el espacio, o lo que es lo mismo, lo que hemos llamado forma-comuna.

Defensa, apropiación, composición, restitución

Defensa

Al margen de la ocupación como forma de acción directa, ¿cuáles son las prácticas que tienen en común este tipo de movimientos, tan diferentes entre sí, como son la Comuna de París de 1871, la *zad* en Notre-Dame-des-Landes y la lucha de Sanrizuka en Japón? La primera y más importante es, en sí misma, la defensa, el propio acto de defenderse, encarnado como hemos visto en la figura del *paysan*, cuyo nombre hunde sus raíces etimológicas en la noción de protección y salvaguarda del territorio. El concepto de «defensa» es también un rasgo importante de otra palabra que, aunque ahora resulta bastante familiar para la mayor parte de la población francesa, hace poco que ha entrado en el diccionario, a saber: *zad*, acrónimo de *zone à défendre*.[1]

---

[1] «Zad» entró en el principal diccionario francés, *Petit Robert*, en el 2016, con la definición siguiente: «Espacio, generalmente

En los documentales de Oshima, aparecen agricultores japoneses en Sanrizuka apropiándose de algunas de las técnicas de los campesinos de Vietnam del Norte en su guerra contra Estados Unidos; en el metraje, se ve a los campesinos enterrándose en túneles y en trincheras para evitar la entrada en la zona de maquinaria pesada de construcción. En un momento en el que el esfuerzo modernizador impulsado por el Estado japonés había convertido la acelerada industrialización en el único elemento de valor nacional (si bien podríamos señalar muchas otras naciones que hicieron lo mismo en aquellos años), los agricultores contraatacaron seguros de que la construcción del aeropuerto, y su actividad, destruiría valores *esenciales para la vida misma*. Shima, un campesino activo durante aquellas luchas, relataba lo siguiente:

> *Los campesinos perderemos nuestro refugio [...]. ¿Será esta la ocasión para el desarrollo de un Japón glorioso o quedarán sepultados bajo tierra incontables miles de personas y hogares debido a la autoridad del Estado? No se trata solo de una oposición política al aeropuerto sustentada en un desacuerdo sobre qué hacer con la industria y*

rural, ocupado por militantes activistas que se oponen a un proyecto de desarrollo que consideran innecesario, costoso y que probablemente perjudique el medioambiente y los intereses de la población local».

la agricultura. Sino que es nuestra vida y solo nuestra vida, la vida de los campesinos, la vida de los agricultores que se dedican a cultivar la tierra, la que está siendo enterrada bajo las pistas y el polvo.[2]

Los agricultores japoneses asumieron la responsabilidad de hablar en nombre de la coherencia y la integridad del antiguo pueblo (*kyodo tai*) y del cuerpo colectivo, comunal, de sus habitantes. Evocaron la larga tradición de revueltas campesinas desde finales del siglo XVIII hasta el periodo Meiji, situando su propia lucha en un *continuum* en el que los pueblos se defienden contra la invasión o la usurpación y el menoscabo de su forma de vida. Bebiendo también de la particularidad de su región, un área marcada durante siglos por fuertes tradiciones nativistas y por la autonomía de sus pueblos y aldeas, un campesino llamado Sannomiya identifica la naturaleza defensiva de la función adoptada por el campesinado:

Puesto que cultivamos el campo desde tiempos inmemoriales, creo que es básico para nosotros proteger y cuidar las tierras agrícolas. En el poblado antiguo, cuidábamos constantemente de la tierra y creo que es algo por lo que merece la

---

2. Shadojin, *Kaishi-suru Fukei / A dying landscape, op. cit.*, pp. 13-14.

pena luchar. Los cultivos también son importantes. ¿Acaso no es razón para luchar juntos? Nuestra larga historia como pueblo agrícola hace que, para nosotros, esta lucha sea diferente.[3]

Así, el acto diario y estacional de cultivar y de alimentar a los habitantes del poblado se separa e individualiza de otro papel más general y distintivo como protectores o guardianes de la tierra agrícola y de su uso futuro. El cultivo histórico de la tierra por parte de los campesinos, desde los tiempos de los primeros pobladores, les ha conferido y ha depositado en ellos tanto el honor como el deber de su cuidado, custodia y defensa.

En Notre-Dame-des-Landes, por su parte, la centralidad de la defensa no adquirió su peso real en el movimiento hasta que, llegado el 2009, los granjeros que habían rechazado vender sus tierras al Gobierno recibieron el apoyo de las ciudades y se les unieron personas y un grupo nuevo: okupas y otras personas que pronto se convertirían en ocupantes del territorio. Con la llegada de los primeros okupas, la naturaleza defensiva de la ocupación empezó a tomar forma, algo que confirmó el secuestro y la apropiación del acrónimo gubernamental por parte del movimiento. La *zad* o *zone d'aménagement différé* («zona de desarrollo diferido») de la jerga burocrática se convirtió en

---

una *zone à défendre* («zona que defender»), y el acrónimo se vio imbuido así de un nuevo y combativo significado. Para los que se oponían a la construcción del aeropuerto, el perímetro administrativo de la zona, delineado con todo un surtido de porosas líneas y frentes de batalla, y la acción defensiva habían sustituido a la acción a la que se nos suele compeler con más frecuencia hoy en día, es decir, a resistir.

¿Por qué nos demuestran la historia de la *zad*, Sanrizuka y demás ejemplos de forma-comuna que el acto de defenderse genera mucha más solidaridad que el de resistir? Porque *resistir* significa que la batalla, en caso de haberla, ha sido perdida y que solo podemos intentar aguantar desesperadamente frente al inmenso poder que le atribuimos a la otra parte. Por el contrario, *defender* implica que hay algo en nuestro lado que poseemos, que valoramos y amamos, y que, por tanto, tenemos algo que merece ser protegido y por lo que hay que luchar. En el Oakland y el Chicago de la década de 1960, los afroamericanos eran totalmente conscientes de ello y dejaron claro este punto de vista cuando el Partido Pantera Negra de Autodefensa (llamarlos por su nombre completo es lo más adecuado) afirmó y decidió que los barrios negros, y la negritud en sí misma, tenían valor y merecían ser defendidos. La forma-comuna —como movimiento y como territorio compartido, facetas ambas igualmente valiosas y deseables— es un poderoso recordatorio de que, para ganar la pelea contra los cercamientos (porque de eso es de lo que estamos hablando, de eso trata la lucha), para ganar la pelea contra los cercamientos, decíamos, necesitamos ganar terreno, es decir, hemos de poner los pies en algún sitio, mantenernos, permanecer en el lugar, refugiarnos, retirarnos y defender un espacio, incluso si, como en el caso de los comuneros parisinos, no se trata más que de una ciudad exhausta tras meses de asedio y privaciones; o, como en el caso de los chalecos amarillos, de una nueva y acogedora rotonda rodeada de grandes almacenes a las afueras de la ciudad, o, en el de los ganaderos ovinos de Larzac, en palabras de Michel Debré, de una «desolada meseta calcárea donde unos cuantos agricultores viven casi medievalmente», o, para la *zad*, de una franja de tierra semiarable que, ante la total sorpresa de los agricultores que habían vivido y cultivado allí durante décadas, el Gobierno insistía en describir como un «desierto».

«Resistir», en definitiva, significa permitir que el Estado sea quien dicte la agenda. La «defensa», en cambio, está enraizada en una temporalidad y un conjunto de prioridades generadas por la comunidad local y su proceso de construcción.

Desde el punto de vista político, lo que hace tan poderosa la designación de un área como «zona que defender» es que promulga un tipo de revaluación de los valores: se le atribuye valor a algo según un baremo que no es el del mercado ni entra necesariamente en la lista de imperativos estatales. Y esta atribución de valor tampoco se ajusta a las jerarquías sociales existentes. Puede que ilustre mejor a lo que me refiero con «revaluación de valores» volviendo a la Comuna de París de 1871. El acto de defensa comienza afirmando y proclamando el valor, puede que incluso y en particular un valor excesivo, de aquello a lo que nunca antes se le había otorgado. El valor se mide por estándares que no se pueden cuantificar a la manera habitual. He defendido en otras partes que los comuneros parisinos bautizaron esta revaluación con el apropiado oxímoron de «lujo comunal».[4] En abril de 1871, Eugène Pottier, junto con otros artistas y artesanos de la Comuna, derribaron la longeva jerarquía que estructuraba desde hacía tanto el mundo artístico y que brindaba enormes privilegios de estatus, bienestar económico y muchos otros actos de deferencia a los artistas de las bellas artes (pintores y escultores). De estos privilegios, y de la seguridad financiera que proporcionaban, estaban excluidos los artesanos cualificados, actores de teatro, escritores de canciones y artistas decorativos durante el Segundo Imperio. ¿Por qué debería valorarse de diferente modo el trabajo de los artistas y el de los artesanos? ¿Por qué no deberían defenderse sus habilidades y su labor igual que se defienden

---

[4.] Kristin Ross, *L'imaginaire de la Commune*, La Fabrique, París, 2015, pp. 51-81. [Hay trad. cast.: *Lujo comunal. El imaginario político de la Comuna de París*, trad. Juan Mari Madariaga, Akal, Madrid, 2016, pp. 40-64].

las habilidades de los artistas? Bajo la Comuna, la Federación de Artistas insistió en lograr «una agrupación de todas las inteligencias artísticas», con total independencia del Estado, englobándolos a todos bajo una única rúbrica: «artista». Con ese fin, los artistas y los artesanos produjeron un manifiesto conjunto que acaba con la frase: «El comité contribuirá a nuestra regeneración, a la inauguración del lujo comunal, a nuestros esplendores futuros y a la república universal».[5]

Lo que tanto Pottier como otros miembros de la Federación querían decir con «lujo comunal» estaba directamente relacionado con la creación de la «belleza comunal»: la mejora del entorno vital y cotidiano en pueblos y ciudades, el derecho de toda persona a trabajar y vivir en un medioambiente agradable. Esta puede parecer una «demanda» diminuta, incluso decorativa, hecha por un puñado de meros artistas «decorativos». No obstante, lo que intenté demostrar en *Lujo comunal* era la manera en la que dicha demanda o, más bien, el conjunto de prácticas involucradas en la materialización de esta idea comportan por sí mismas una reconfiguración total de nuestra relación no solo con el arte, sino también con el trabajo, las relaciones sociales, la naturaleza y el entorno en el que vivimos.

---

[5]. «Manifesto de la Fédération des Artistes de Paris», 15 de abril de 1871, incluido en el *Journal officiel de la République française sous la Commune*, Ressouvenances, París, 1995, p. 274. [La traducción en castellano está extraída de lc.cx/J_RRzs].

Significa desprivatizar *de facto* el arte y la belleza, integrarlos en la vida cotidiana y que dejen de estar ocultos en salones particulares o acaparados por la obscena monumentalidad nacionalista. Pero, por encima de todo, implica una movilización total de los dos lemas que impulsan el espíritu de la forma-comuna, a saber: descentralización y participación.

En otras palabras, lo que los comuneros llevaron a cabo fue un desmantelamiento total de la categoría, apolillada y determinada socialmente, de la práctica artística. Y lo hicieron proclamando y defendiendo el valor del trabajo artesanal y de las artes decorativas.

Hoy en día, mientras somos testigos de la redistribución de riqueza hacia los ricos que los Estados ejercen en nombre de la austeridad, resulta interesante pararnos a pensar por un momento hasta qué punto una idea como el «lujo comunal» desafía la lógica que subyace al discurso de la autoridad. Al designar algo que antes no tenía valor o que tenía un valor minúsculo en la jerarquía de valores existente, no se está haciendo un llamamiento a la equivalencia ni a la justicia de un sistema ya existente como es el mercado (como se haría si estuviésemos bajo un régimen de austeridad, o a lo que equivaldría una demanda por una distribución más justa, o lo que se oculta tras eslóganes como «compartir la riqueza»). En este caso no se exige el trozo que corresponde según la división existente del pastel. El lujo comunal significa que todo el mundo tiene derecho no solo a su parte equitativa, sino a su parte (para él o para ella) *de lo mejor*. El lujo comunal cuestiona los propios modos en los que se experimenta y se mide la prosperidad, qué es lo que una sociedad reconoce y aprecia, qué considera riqueza y bienestar, y qué está dispuesta a defender...

Y, por supuesto, lo que se defiende cambia con el tiempo. A diferencia de la Comuna de 1871, Larzac, Notre-Dame-des-Landes y Sanrizuka eran lo que los maoístas solían llamar una «guerra prolongada», luchas que se van transformando mientras duran y que requieren que los ocupantes desarrollen sin cesar maneras innovadoras de *habitar* el conflicto. La duración asombrosa de estas batallas está totalmente relacionada con su proximidad a los medios de subsistencia, o lo que es lo mismo, la capacidad de los ocupantes de cultivar su propia comida y de mantenerse gracias a un grado elevado de semiautonomía. Pero también tiene que ver con el carácter innegociable del asunto en disputa. Un aeropuerto o se construye o no se construye. No obstante, igual deberíamos analizar este asunto al revés: en el caso de un aeropuerto, podemos argumentar que simplemente se puede construir en otro sitio. En cambio, la tierra agrícola o es tierra agrícola o, si no lo es, se ha convertido en otra cosa: una urbanización o, por ejemplo, un campo de entrenamiento del ejército. David Harvey ha sugerido que este tipo de dialéctica del «o una cosa, o la otra», creada por la vinculación con un espacio o lugar determinados, es

86

diferente a la habitual dialéctica hegeliana trascendental.[6] La dimensión «o una cosa, o la otra» de las luchas específicamente espaciales, definidas por la geografía, les confiere cierto toque refrescante de improvisación y torpeza. Luchar por un lugar determinado no es lo mismo que luchar por una idea. Del mismo modo, las demandas, las preocupaciones y las aspiraciones concretadas en el territorio crean una situación política que clama y exige decisiones claras y existenciales: o se está por el aeropuerto, o contra él, y si una está en contra, entonces cambia su vida para adaptarla a esta oposición. Las palabras que Marx escribió a Vera Zasúlich en el contexto de otra, anterior, batalla rural librada por comuneros contra el Estado decían: «No se trata ya, por tanto, de un problema que hay que resolver; trátase simplemente de un enemigo al que hay que arrollar».[7]

---

[6] David Harvey, *Spaces of hope*, University of California Press, Berkeley, 2000, pp. 164-175. [Hay trad. cast.: *Espacios de esperanza*, Akal, Madrid, 2003, pp. 201-208].

[7] Karl Marx, «Marx-Zasúlich correspondence: letters and drafts», en Teodor Shanin (ed.), *Late Marx and the Russian road. Marx and the peripheries of capitalism*, Monthly Review Press, Nueva York, 1983, p. 116 [lc.cx/dcHVTJ]. La correspondencia entre Marx y Zasúlich acerca de la suerte o el destino de las comunas rurales rusas es esencial para cualquier discusión sobre la forma-comuna. Refiero al lector a la edición compilada por Teodor Shanin y a mi propio análisis, recogido en *Lujo comunal...*, *op. cit.*, pp. 93-110 [en castellano, pp. 94-109].

Con el paso del tiempo, la naturaleza de lo que se está defendiendo cambia. Mientras que en otro momento fue un medioambiente no polucionado o la tierra agrícola, lo que se defiende a medida que se profundiza la lucha son los nuevos lazos sociales, las solidaridades, las relaciones afectivas y los enredos que ha producido la lucha en sí. Todo lugar debe su carácter a las experiencias que ofrece y permite a quienes lo habitan o pasan su tiempo allí, y estas experiencias incluyen la nueva relación física con el territorio en particular: lo que Gaston Bachelard llamó su «conciencia muscular». Esta intimidad deriva en parte del ritmo estacional del trabajo agrícola y en parte —especialmente en el caso de la *zad* y de Sanrizuka— del combate físico entablado durante las muchas escaramuzas y enfrentamientos frontales con las fuerzas del orden. La idea misma de un territorio con todas sus particularidades ayuda a crear un entorno que, en palabras de Raymond Williams, pueda ser «afirmado, hecho y rehecho», moldeado y conseguido activamente mediante el trabajo, el juego y el conflicto, o, por resumirlo en una palabra, como argumentaré en las líneas siguientes, «apropiado».[8] El territorio, como tal, contrasta

8. Raymond Williams, citado en David Harvey, *Justice, nature and the geography of difference*, p. 29. [Hay trad. cast.: *Justicia, naturaleza y la geografía de la diferencia*, Traficantes de Sueños, Madrid, 2018; la cita en el original dice así: «Entonces, ¿qué es lo que estaba construyendo la gente en las Montañas

88

directamente con los espacios construidos sin ninguna relación con la comunidad local o el entorno, espacios por los que viajamos o lugares que consumimos sin pensar y que conservan poco o ningún rastro de nuestros lazos y relaciones existenciales. En el núcleo de la relación vivida con el territorio radica una forma de incorporación, una incrustación, que algunos de los ocupantes en la *zad* de Notre-Dame-des-Landes describen como la ruptura, dentro de la vida cotidiana, de la distinción entre habitar un espacio y su defensa. Sin embargo, pese a determinadas representaciones mediáticas en sentido contrario, esa incrustación no implica, en ninguno de los sentidos de la expresión, adoptar la forma de un enclave encerrado en sí mismo. El territorio, de hecho, crea en el habitante una perspectiva experiencial desde la cual puede percibir el resto del mundo y relacionarse mejor con él, ya que facilita un modo de percepción, una orientación y un centro de gravedad políticos basados en la involucración directa y activa en el trabajo, las prácticas y las cuestiones materiales ligadas a la toma de decisiones y la resolución de conflictos de manera colectiva y en lo cotidiano, ya sea cultivando la tierra, cuidando los animales y los niños, construyendo lugares de encuentro o montando una biblioteca. Defender el territorio con una guerra prolongada implica defender el proyecto de

---

Negras? Era un *lugar* que "se afirmó, se hizo y rehízo"», p. 48].

vida colectivo creado en él durante su defensa. Cons-
truimos nuestra comunidad defendiéndola.

Apropiación

Lo que más me impactó en mis primeras visitas a la
zad de Notre-Dame-des-Landes no fue tanto el paisaje
o sus habitantes como la peculiar manera en la que
transcurría el tiempo allí. Me invitaron a visitar la *zad*
a principios del 2016 debido a la publicación un
año antes de *Lujo comunal*. En ese instante de su historia —un prolongado momento de renovación y experimentación pocos años después del violento asalto
gubernamental del 2012—, algunos de los ocupantes
se habían dedicado conscientemente a buscar modelos organizativos que pudieran ayudarles a sostener
una vida encaminada de manera intencionada a alejarse del mundo organizado por el Estado y las finanzas.
Algunos dirigieron su mirada a las experiencias de
Chiapas y de los zapatistas con el objetivo de encontrar ideas prácticas, mientras que otros hicieron viajes
en el tiempo, y en particular a la Comuna de París, para utilizar el pasado como «manual de uso». Algunas
personas de la *zad* se vieron inspiradas por la idea del
lujo comunal ensalzada por los artesanos durante la
Comuna y por el papel central que los comuneros
otorgaron a la estética y al placer en la transformación
social. Organizaron una especie de fin de semana de

90

formación sobre la Comuna al que no pude acudir; sin embargo, durante mi visita me encontré casi sin darme cuenta con una tarea que cumplir. Tenía que dar una charla y fomentar el debate acerca de las continuidades y discontinuidades entre la experiencia de los insurgentes parisinos en 1871 y lo que se estaba desarrollando en aquella época entre los ocupantes de Notre-Dame-des-Landes. Íbamos a intentar pensar juntos lo que ocurría en el París del siglo XIX ligándolo con la «cuestión campesina» de nuestros días. Yo no tenía muy claro qué era la zad. En aquellos momentos, los medios de comunicación estaban plagados de representaciones de sus habitantes que los dibujaban como personajes sacados de la trilogía de Mad Max. Eso sí, sabía lo suficiente como para llevarme unas botas de goma (me había llegado que era «pantanosa esta época del año») junto con mi cepillo de dientes y un jersey grueso. También llevaba mis notas sobre el tema de debate. En mi mente seguían frescas las ideas del libro, pero sentía que necesitaba mis notas —más que nada como apoyo mental— para hablar en francés ante un grupo.

Pese a que el trabajo académico en absoluto es la más disciplinada o rígida de las actividades, sí tiende a seguir un protocolo o abanico de costumbres al que una se habitúa: el ponente es recogido en la estación, llevado adonde pasará la noche y dejado a solas para que ordene sus pensamientos; entonces sigue la ponencia y el debate, y luego se bebe, se cena y a dormir.

Mi primera anfitriona, una mujer llamada Uma con una sonrisa deslumbrante, que me recibió en la estación de tren de Nantes, acababa de apearse ella misma en el andén, logrando contra todo pronóstico llegar a tiempo tras haber hecho autoestop y haber viajado muchas horas en autobús desde el Valle de Susa (Italia), donde un gran colectivo de habitantes procuraba bloquear la construcción del tren de alta velocidad entre Turín y Lyon. Nos sentamos en la cafetería que había frente a la estación y pasamos el rato bebiendo café y tomándonos el tiempo necesario para familiarizarnos, en parte porque el chaval que tenía las llaves del coche había sido retenido en un bloqueo policial a la salida de la estación. También nos quedamos esperando a otros compañeros que venían de París, adonde habían ido para unirse a las protestas de aquella primavera contra las leyes laborales, para volver todos juntos.

En la cabaña de Saint-Jean-du-Tertre en la *zad*, conocí a otros miembros del colectivo Mauvaise Troupe, un grupo de jóvenes ocupantes que habían efectuado una larga y profunda investigación —en la que su propio movimiento se entretejía con el que había estado visitando Uma— que fue recogida en un libro que acabé traduciendo.⁹ Uma y otra joven me llevaron

---

9. Colectivo Mauvaise Troupe, *Contrées. Histoires croisées de la zad de Notre-Dame-des-Landes et de la lutte No TAV dans le Val Susa*, L'Éclat, París, 2016.

a dar un paseo por esa parte de la zona. Visitamos un conjunto de cabinas e instalaciones de distintos modelos y en diferentes estados de conservación: algunas minúsculas y escondidas, otras a medio construir, la mayor parte rodeadas de caravanas y huertos. Me mostraron el espacio en el que se hacía el «no mercado» semanal. Las asociaciones cinematográficas que el terreno y sus habitantes evocaban en mi mente tenían menos que ver con Mad Max y mucho más con *Los vividores* o *Deadwood*: un salvaje oeste en construcción, con todo el ajetreo, el desorden y la alegría de la construcción colectiva, la sensación palpable de un mundo —tanto en lo relativo al habitar físico como al espacio de transformación y experimentación social— en formación. Le pregunté a la amiga de Uma cuál era la tarea de la *zad* que menos le gustaba. Pensaba que me contestaría algo así como «la limpieza de letrinas», un quehacer vital debido a la falta de alcantarillado en el espacio. Por el contrario, para la mujer con cuyo nombre no me quedé, la peor de las tareas era tener que participar en el Ciclo de los Doce. El Ciclo de los Doce, explicó, era el instrumento que había diseñado la *zad* para lidiar con las disputas contenciosas o los comportamientos antisociales en la comunidad. Los Doce constituían un panel de mediadores, cuyos nombres se sacaban una vez al mes de un sombrero en el que se echaba el nombre de todas las personas de los distintos hogares. Estos Doce actuaban como una suerte de comité consultivo rotativo, sin autoridad real fuera de la capacidad de escuchar a las partes en un altercado o conflicto —muchos de ellos con perros de por medio— e idear posibles soluciones a la disputa o determinar algún tipo de compensación para el agraviado. Formar parte de la comisión suponía enfrentarse a todas las disputas irresolubles y a los ajustes de cuentas que surgen cuando conviven personas con códigos políticos diferentes. Además de tratar de encontrar, colaborativamente, una solución local al problema sin recurrir a libros de leyes ni a códigos morales atemporales y sin socavar la solidaridad dentro de la diversidad que mantenía en pie a la *zad*. Entendí lo que quería decir. Limpiar letrinas debía de ser mucho menos agotador.

No parecía que hubiera mucha prisa por empezar a debatir. De hecho, una tarea mucho más apremiante se presentó en forma de vacada que debía ser trasladada de una parte de la *zad* a otro campo, al otro lado del camino. Partimos con las vacas, que se mostraron dóciles y fáciles de conducir; a lo largo del camino, hablamos entre nosotros de Larzac, parándonos a conversar con las personas con la que nos cruzábamos, algunas de las cuales decidieron acompañarnos. Mientras andábamos, una mujer de un campamento vecino que tenía una pequeña manada de caballos salvajes que estaba «domando» necesitó ayuda para trasladar algunos a otros pastos, y eso ya fue otra historia totalmente diferente: los caballos se soltaron y hubo que capturarlos, con gran dificultad, en lo profundo del bosque al que

94

habían huido. Así las cosas, el debate no comenzó hasta primera hora de la tarde, cuando regresamos, y la gente empezó a colocar los bancos en círculo en un claro soleado. ¿Fueron los caballos los que nos retrasaron o la idea siempre había sido comenzar en el momento en el que el pan preparado en casa de los vecinos, cocido cada día con el trigo sarraceno integral molido en los viejos molinos a los que les había hecho una foto antes, acababa de salir del horno y podía pasar, tierno y caliente, de mano en mano entre los participantes, jóvenes y viejos, entre los cuales muchas mujeres, ocupantes y amigos venidos de Rennes, sentados en círculo? Es imposible saberlo, pero entre el banco, el pan y la deslumbrante luz del sol, se hizo demasiado difícil consultar las notas: rápidamente la discusión cobró vida propia y acabé no necesitándolas.

En la *zad*, la «jornada laboral» se suele ampliar o contraer en función de las tareas que haya que llevar a cabo, ya sea preparar comida para los trabajadores de correos en huelga en Nantes, reparar un tractor u organizar los libros de la biblioteca. Esta elasticidad temporal me quedó clara más tarde, cuando mis visitas coincidieron con el equinoccio o con el solsticio, durante los cuales se requerían grandes esfuerzos colectivos para plantar o recolectar. Puesto que el *bocage* en Notre-Dame-des-Landes está compuesto en gran medida por humedales, muchos de los métodos de agricultura regenerativa, sus herramientas y su implementación parecen haber salido directamente del

95

siglo XIX. La maquinaria pesada se hunde en el barro (como hicieron los tanques enviados por Macron en el 2018), de modo que unirse a la siega del heno significa disfrutar utilizando una horca de tres dientes sorprendentemente estrechos y con delicadas púas curvadas. Significa también aprender, de una manera que nunca llegué a dominar, el complicado y sincronizado movimiento, como si de una pareja de ballet se tratase, por el que, tras el primer paso coordinado, que consistía en atravesar al unísono la bala de heno con las horcas, se gira a la vez para lanzar el fardo a lo más alto de la enorme torre de balas, las cuales se iban amontonando sobre un carromato que se movía lentamente mientras era arrastrado por un tractor que conducía una joven muy bronceada, en cuya cara se veía otra asombrosa sonrisa. Los hombres y algunas mujeres podían levantar ellos solos una bala; otros como yo trabajábamos en parejas. Haciendo equilibrios como si fuesen cabras encima de las balas, Jojo o Christian arrastraban los fardos arrojados de forma que no se volcaran mientras el carro avanzaba despacio por el campo. El henificado se podía prolongar hasta bien entrada la noche; de hecho, se estaba más fresco tras la puesta de sol, con lo que se empezaba a trabajar, con crepes y vino para comer al aire libre, más o menos a partir de las diez.

Soy consciente de que poner como ejemplo la siega del heno entraña el riesgo de resultar bucólica. En realidad, creo que la manera diferente en la que el tiempo

96

se movía en la *zad* se podría atribuir solo en parte a los ritmos estacionales de la vida rural, al trabajo agrícola y a la belleza del *bocage*. El tipo específico de fatiga física intensa y satisfactoria que experimenté tras mi estancia en la *zad* tenía más que ver con la densidad e intensidad social suscitadas por la mezcla de trabajo e interacción social, en especial para alguien como yo, acostumbrada a pasar sola gran parte de mi tiempo (también era, por supuesto, una experiencia totalmente ajena a los ritmos del trabajo asalariado). Para mí, Notre-Dame-des-Landes era una especie de oasis de realidad humana y no humana, un lugar donde la prisa se consideraba una falta de tacto y las tareas se sucedían según una lógica basada en lo que de verdad se necesitaba. Hay que ordeñar las vacas, se ha de atender a las ovejas y protegerlas de los depredadores, es preciso hornear el pan entre comidas y los tiempos de muchas de las actividades no pueden ser rígidos. El esfuerzo colaborativo para resolver problemas pragmáticos implicaba un flujo de improvisaciones, intercambios de conocimientos, consultas e interrupciones; en todo caso, dilucidar qué constituye realmente una interrupción en la *zad* requeriría un ensayo en sí mismo.

Henri Lefebvre podría haber caracterizado perfectamente la temporalidad de la *zad* como «apropiada», en el sentido profundo y específico que le dio a este término. El «tiempo apropiado» posee sus propias características:

Normal o excepcional, es un tiempo que olvida el tiempo, durante el cual el tiempo ya no cuenta. Aparece o sucede cuando una actividad, sea esta banal (una ocupación, un trabajo) o sutil (meditación, contemplación), espontánea (el juego de los niños e incluso de los adultos) o sofisticada, produce satisfacción. Esta actividad está en armonía consigo misma y con el mundo.[10]

El tiempo se puede vender, pero también se puede vivir. La experiencia del «tiempo apropiado» trae consigo, *a posteriori*, el conocimiento y la aguda conciencia de su opuesto: el reconocimiento de que la agenda estatal y el mercado capitalista no solo organizan la vida social, sino que *confiscan* activamente su organización y nos desposeen de la posibilidad de disponerla a nuestra manera y a nuestro ritmo.

La idea de «apropiación» surgió ya en las primeras etapas de la reformulación que Lefebvre planteó sobre la alienación. Sin embargo, a lo largo de su dilatada carrera, recodificó continuamente su pensamiento sobre el proceso a fin de abordar los distintos contextos que le preocupaban en cada momento, ya fuera el espacio urbano, la crítica de la vida cotidiana o la ecología. La elaboración que Lefebvre hizo del proceso de

---

[10] Henri Lefebvre y Catherine Régulier, «Le projet rythmanalytique», *Communications*, n.º 41, 1985, p. 194.

98

apropiación fue en gran medida lo que le permitió romper con el productivismo marxista, teorizar los lugares políticos fuera del lugar de trabajo y dejar huella, junto con André Gorz, Ivan Illich, Murray Bookchin, Maria Mies y otros, como una importante fuerza de la teoría antiproductivista y ecologista que floreció en los años setenta.

La ideología del crecimiento se ha visto herida de muerte; otrora se creía con optimismo tenaz en el crecimiento indefinido de la producción y de la productividad: siempre mayor número de automóviles, mayor número de aparatos de televisión, siempre mayor número de máquinas de lavar o de máquinas de calcular. Se conjeturaba, con el mismo optimismo, que dicho crecimiento económico aportaría tarde o temprano la solución a todas las necesidades: materiales y «espirituales», tal como se suele decir. [...] Se creía, siempre siguiendo la misma ideología, en el carácter siempre favorable de las empresas gigantes, en el carácter benéfico del crecimiento demográfico y técnico. Esta vasta construcción ideológica se va desmoronando lenta pero implacablemente. ¿Debido a qué? Como consecuencia del malestar urbano, de la destrucción de la naturaleza y de sus recursos, debido a los bloqueos de todo tipo que paralizan el desarrollo social incluso cuando no impiden el crecimiento económico. El crecimiento por el mero crecimiento ya es ahora un criterio ampliamente rebasado.[11]

Los lectores que no estén familiarizados con Lefebvre tal vez se sorprendan de que ya en 1972 el autor hiciese estas afirmaciones (en un discurso pronunciado en Santiago de Chile). Pero la década de 1970 fue el momento en el que prácticamente todos los colectivos humanos se encontraron integrados en un sistema globalizado bajo control estatal-capitalista, a cambio, parece ser, de la promesa de un nivel superior de seguridad. En esa época, más o menos de forma clandestina, ya transpiraba el fin del llamado «compromiso fordista» y el ocaso del reinado del pacto keynesiano, aunque los resultados no se registraron con claridad, ni tampoco se les puso nombre, hasta la década siguiente, cuando se empezó a hablar de algo llamado «neoliberalismo». Pese a ello, las afirmaciones de Lefebvre sugieren que los efectos de dicho ciclo ampliado de expropiación capitalista ya se habían comenzado a sentir en la esfera cotidiana, en el plano de la existencia humana, que era donde Lefebvre hacía tiempo que centraba su atención. En el periodo en el que, por una parte, se desataron las energías emancipatorias del 68 y, por otra, se agruparon las fuerzas de la

---

[11.] Henri Lefebvre, *Espace et politique,* Anthropos, París, 2000, p. 146. [Hay trad. cast.: *Espacio y política*, Península, Barcelona, 1976, pp. 131-132].

100

contrarrevolución, a mediados de los setenta, se vivió el redespertar de algo parecido a la consciencia comunal. Las luchas a gran escala o de larga duración como Larzac o Sanrizuka resonaron como el canto del canario en el túnel de la mina de carbón, alertando a quienes en aquellos momentos prestaban atención del giro hacia la economía acumulativa que se estaba dando a escala masiva en las zonas rurales. Al mismo tiempo, a raíz de 1968 se produjo en Francia y en otros lugares una huida de las grandes ciudades por parte de grupos de gente, en su mayoría jóvenes, decididos a continuar la reestructuración existencial y social que las insurrecciones del Mayo del 68 habían alimentado en lo cotidiano para desarrollar nuevos experimentos de vida en común, sobre todo en rincones del campo donde la tierra era barata. Algunos de estos experimentos fueron efímeros, otros, como Longo Maï o Ambiance Bois cerca de Limoges, fueron duraderos.[12]

---

12. Para un relato interesante de uno de estos experimentos, véase la descripción de Helen Arnold y Daniel Blanchard del tiempo que pasaron, a principios de la década de 1970, en un proyecto comunal con Murray Bookchin en Vermont (Estados Unidos): Fabien Delmotte, «D'une crise à l'autre. Un entretien avec Helen Arnold et Daniel Blanchard», pp. 15-21. Para un relato sobre Longo Maï, véase Beatriz Graf, *Longo maï. Révolte et utopie après 68*, Thesis Verlag, 2006. Para un relato de la historia de la cooperativa forestal Ambiance Bois, véase Michel Lulek, *Scions... travaillait autrement?*, Éditions Repas, Valence, 2009.

La perspectiva política de aquellos días sufrió un giro enorme y se abrió a acoger la perspectiva de lo rural o, parafraseando a Lefebvre, lo que podemos llamar «el derecho a lo rural», lo cual da crédito a la idea de que, aunque el Mayo del 68 fue un movimiento que en general se inició en las ciudades, su inteligencia y futuro tendían a la ruralidad.

Habitualmente se recuerda a Lefebvre por su trabajo sobre urbanismo, pero sus primeros estudios se centraron en la sociología rural y, a lo largo de su vida, mantuvo lazos con la región montañosa de su infancia, en los Pirineos: «En lugar de preparar una tesis filosófica sobre un problema filosófico, escribí la historia del campesinado de los Pirineos».[13] Esa historia —su tesis doctoral— recontaba la disolución de las comunidades rurales a causa del impacto del capitalismo: el deterioro progresivo de «la organización ancestral con sus delicados equilibrios entre las poblaciones, los recursos, las superficies» y «la disolución de la antigua comunidad».[14] Lo que Michael Löwy ha denominado el «romanticismo radical» de Lefebvre tiene sus raíces en la convicción de Lefebvre de la

[13.] Henri Lefebvre, citado en Gérard Deledalle y Denis Huisman (eds.), *Les philosophes français d'aujourd'hui par eux-mêmes*, p. 289.

[14.] Henri Lefebvre, *La vallée de Campan. Étude de sociologie rurale*, Presses Universitaires de France, París, 1963, pp. 19-20.

existencia de una «cierta plenitud humana»[15] (la misma «plenitud», vimos antes, del «tiempo apropiado»), «un tipo de vida pleno» con los ritmos de las comunidades campesinas de las zonas rurales francesas hace tanto desaparecidas, el ritmo del cultivo de las plantas y de la cosecha y de las grandes festividades agrícolas.[16] Como William Morris antes que él, la crítica de Lefebvre al mundo moderno se hacía en nombre de las sociedades precapitalistas, premodernas, tal vez en nombre de «la estruendosa risa campesina» —tan alejada, según su visión, de una sonrisa irónica y cansada—, ese arranque de risa espontánea y alegre que lo arrastró a escribir un libro sobre ella.[17] En un capítulo extraordinario del primer volumen de su *Critique de la vie quotidienne*, Lefebvre evoca la plenitud humana del

---

[15.] Henri Lefebvre, *Critique de la vie quotidienne I*, L'Arche, París, 1958, p. 223.

[16.] Michael Löwy y Robert Sayre, *Romanticism against the tide of modernity*, trad. Catherine Porter, Duke University Press, Durham, 2001, pp. 222-225. Véase también Gavin Grindon, «Revolutionary romanticism. Henri Lefebvre's revolution-as-festival», *Third Text*, vol. 27, n.° 2, 2013, pp. 208-220.

[17.] «Rabelais rit à gorge déployée», «la joie du rire spontané»; véase Henri Lefebvre, *Rabelais*, Anthropos, París, 2001 [1955], p. 41. Véase también el análisis que Erag Ramizi propone sobre la descripción de la risa campesina medieval como la «expresión de una conciencia histórica crítica nueva y libre» que hace otro lector de Rabelais, Mijaíl Bajtín, en «Anachronism's last laugh», *Diacritics*, vol. 48, n.° 2, 2020, pp. 126-140.

pasado medieval: «En la fiesta [campesina], cada miembro de la comunidad rebosaba su propio ser, por así decirlo, y de un solo trago extraía de la naturaleza, de los alimentos, de la vida social, de su cuerpo y de su espíritu, todas las energías, todos los placeres, todas las posibilidades». La *fête paysanne* (fiesta campesina) no constituía un momento excepcional dentro de una historia que, de no ser por ello, sería monótona y aburrida; no era nada más (y nada menos) que la intensificación de la plenitud de la propia vida cotidiana: «La fiesta solo se distinguía de la vida cotidiana por la explosión de fuerzas acumuladas lentamente en la vida cotidiana y por ella».[18]

Lefebvre encontró un razonamiento teórico de dicha «plenitud humana» en los *Manuscritos económicos y filosóficos de 1844* de Marx. Allí, en unos pocos pasajes elípticos, Marx introduce la figura del hombre no alienado, el hombre «total» o completo. El «hombre total» y las comunidades perdidas del campo francés eran dos de los tres ingredientes que Lefebvre utilizó para formular el proyecto político de reconquista y desalienación al que se entregó, y que llamó, siguiendo a Marx, «apropiación». El tercer ingrediente fueron, por supuesto, los comuneros de 1871.

En los escritos de juventud de Marx, la apropiación se presenta como el descubrimiento sensual de

---

[18] Lefebvre, *Critique de la vie quotidienne I*, *op. cit.*, p. 216.

104

uno mismo en el mundo natural. Mediante la práctica social, el hombre se apropia de la naturaleza, pero también de su propia esencia. Bertell Ollman nos ofrece un ejemplo útil de lo que esto puede significar: «Para "capturar" un atardecer, no es necesario pintarlo ni escribir o cantar sobre él. Pasa a ser nuestro cuando lo experimentamos».[19] Nuestro placer en la experiencia es lo que señala la apropiación. Sin embargo, para Marx, cualquier apropiación *real* es «la apropiación de la esencia humana por y para el hombre»,[20] que solo puede darse mediante la apropiación comunista. El hombre «se apropia su esencia universal de forma universal, es decir, como "hombre total"» solo mediante las relaciones sociales comunistas y el fin de la propiedad privada: «El comunismo como superación positiva de la propiedad privada en cuanto autoextrañamiento del hombre y, por tanto, como apropiación real de la esencia humana por y para el hombre; por ello, como retorno del hombre para sí en cuanto hombre social, es decir, humano». El hombre total o, lo que es lo

---

[19] Bertell Ollman, *Alienation*, Cambridge University Press, Cambridge, 1977, p. 89.

[20] Karl Marx, «Economic and philosophic manuscripts of 1844», en Karl Marx y Friedrich Engels, *Collected works*, vol. 3, International Publishers, Nueva York, 1975, p. 296; los siguientes entrecomillados pertenecen al mismo autor y a la misma obra, y se encuentran en las pp. 299, 296 y 303. [Hay trad. cast.: *Manuscritos filosóficos y económicos de 1844*, Biblioteca Virtual Espartaco, 2001, pp. 166, 152, 156 y 149].

mismo, el hombre precapitalista o poscapitalista, es un ser vivo enteramente social y sensual: «Así, la sociedad constituida produce, como su realidad durable, al hombre en esta plena riqueza de su ser, al hombre rica y profundamente dotado de todos los sentidos». Bajo el capitalismo, y acosado por la alienación que tal sistema económico produce, el hombre no es un ser total, completo, sino que está truncado, es un ser incompleto, mutilado. Bajo el capitalismo, la apropiación se ve reducida a meras interacciones y relaciones de propiedad, la gratificación unilateral, ansiosa, de poseer y tener.

Lefebvre, podríamos decir, se «apropió» de la idea de apropiación de Marx y la hizo suya. Para ello, tuvo que confrontar el hecho de que aquel no había trazado ni esbozado la transición que haría posible que el hombre pasase de su ser anterior alienado a una totalidad en la que se convierte en él mismo, en total. Es improbable, dice Lefebvre, que «la alienación caiga repentinamente, como si fuese un bloque».[21] Liberado de la naturaleza por la sociedad y de la sociedad por la naturaleza, la nueva sociedad simplemente permitiría que el individuo lograse una unidad con la totalidad en un único paso. La idea del «hombre total», con su relación implícita con la naturaleza y el mundo natural, era algo que Lefebvre bien podía utilizar pero, para

---

[21.] Henri Lefebvre, *La somme et le reste*, Méridiens Klincksieck, París, 1989, pp. 596-597.

hacerlo, el proceso de desalienación debía ser narrado de otra manera, con un enfoque más materialista e histórico, debía ser visto como un proceso, un conjunto de prácticas, más que como una simple especulación acerca de la esencia humana: «La idea del hombre total se aleja del utopismo y penetra la realidad, más despacio, con más dificultad de lo que se imaginaba, ya que la sociedad moderna es incomparablemente más compleja y más "problemática" que la de mediados del siglo XIX».[22] Para Marx, en el siglo XIX la alienación era consecuencia de causas puramente económicas: las actividades de los hombres y las relaciones sociales se transforman en algo por y mediante la producción de mercancías. Para Lefebvre, lo que se necesitaba para salvar la idea de «hombre total» y apropiarse de ella era trazar la mutación histórica adoptada por las nuevas formas de alienación, en particular las que habían surgido tras la Segunda Guerra Mundial, a medida que la dominación y la alienación se fueron presentando cada vez más bajo la apariencia de cuestiones que no eran estrictamente económicas.

Esto, por supuesto, se convirtió en la obra en tres volúmenes *Critique de la vie quotidienne*, que iba de la mano de la recodificación espacial que dicha crítica persiguió en los libros posteriores sobre urbanismo y en *La production de l'espace*. Pero, incluso antes de la

---

[22] Lefebvre, *La somme et le reste...*, *op. cit.*, p. 597.

guerra, tal y como sugiere Michel Trebitsch, Lefebvre había empezado a entender la alienación como algo mucho más general, como un tipo de desempoderamiento en todas las facetas de la vida, «una incapacidad en todas las esferas de la vida para concebir, entender o pensar al otro».[23] La alienación no era tanto la pérdida de cierto tipo de esencia humana como la pérdida de posibilidades: la sensación de impedimentos y bloqueos derivados de la destrucción y la fragmentación del tejido social causadas por el capitalismo. Esta sensación de bloqueo es lo que Lefebvre encapsuló en una expresión, un lema que compartía con los situacionistas: «La colonización de la vida cotidiana». El sistema económico capitalista no solo crea alienación; también limita nuestra capacidad de reconocer otras formas de alienación que no son específicamente económicas. Crea un mundo en el que el economicismo invade todos los aspectos del pensamiento y de la vida, un mundo en el que el razonamiento económico domina todos los demás razonamientos. Y se presenta a sí mismo como el único mundo posible. Para Lefebvre, la alienación nos impide ver las maneras en las que somos desposeídos de nuestra dignidad, nuestra vida social, nuestro tiempo, el sentimiento de control de nuestra vida, la belleza y la salud del entorno

---

[23] Michel Trebitsch, «Preface», en Henri Lefebvre, *Critique of everyday life I*, trad. John Moore, Verso, Londres, 1991, p. XVI.

108

en el que vivimos, y la posibilidad misma de trabajar en conjunto para inventar nuestro futuro colectivamente.

La vida cotidiana como el territorio de alienaciones en constante transformación también posee la clave para el desmantelamiento colectivo de dicha alienación. Es posible descolonizar la colonizada vida cotidiana, puede que no de un solo golpe, pero sí mediante un esfuerzo concertado de reapropiación del espacio y del tiempo vividos.[24] La intuición de Lefebvre lo empujó a considerar la organización del espacio como la variable probablemente más importante, al abrir camino a la creación de otras maneras de producir, otros usos fuera de la lógica de la propiedad. Ya a mediados de la década de 1960, Lefebvre había comenzado a entender el espacio como objeto mismo de la práctica colectiva y no solo como aspecto que trascendía a la acción: «El espacio —como expresaría años más tarde— se convierte en el reto principal de las luchas y las acciones que apuntan hacia un objetivo».[25] La Comuna de París de 1871 fue, claramente, una

---

[24] El esfuerzo intencionado que implica el acto de «apropiación» parece haberle pasado desapercibido a una de las primeras traductoras de Lefebvre al inglés, Sacha Rabinovitch, que traduce erróneamente «apropiación» por «adaptación». Véase Henri Lefebvre, *Everyday life in the modern world*, Harper, Nueva York, 1971.

[25] Henri Lefebvre, *La production de l'espace*, Anthropos, París, 1974, p. 471. [Hay trad. cast.: *La producción del espacio*, trad. Emilio Martínez, Capitán Swing, Madrid, 2013, p. 440].

lucha impulsada por este objetivo y en esta dirección. En el rompedor relato que Lefebvre hizo en 1965 de la insurrección, *La proclamation de la Commune*,[26] los comuneros se reapropian del centro de la ciudad del que han sido expulsados por la modernización urbana llevada a cabo bajo la dirección de Haussmann. El relato muestra cómo la gente normal modifica el espacio de la ciudad para ponerlo al servicio de sus propias necesidades y posibilidades, y, al hacerlo, desmiente el argumento leninista de que el «fracaso» de la Comuna demostraba que, para la transformación social, es imprescindible que existan partidos de vanguardia fuertes. El libro de Lefebvre no solo desbarató las interpretaciones marxistas dominantes, sino que también proporcionó una especie de modelo, una concepción dinámica de la vida cotidiana, mediante el cual entender la reconquista del tiempo y del espacio vividos.[27] Dado que toda transformación ejerce una capacidad creativa sobre la vida cotidiana, la apropiación no se puede entender al margen de sus ritmos temporales. Ni los grupos ni las clases se pueden percibir como algo

---

[26] Henri Lefebvre, *La proclamation de la Commune. 26 mars 1871*, La Fabrique, París, 2018 [1965]. [Hay trad. cast.: *La proclamación de la comuna*, trad. Laura Carasusán Senosiáin, Katakrak, Iruña, 2021].

[27] Para ver el papel desempeñado por *La proclamation de la Commune* en la historiografía de la Comuna, véase Éric Fournier, *La Commune n'est pas morte*, Libertalia, París, 2013, pp. 122-123.

nuevo, es decir, como figurativos del cambio social, salvo en la medida en que «producen» un espacio. Los grupos y los individuos no pueden constituirse como actores y sujetos a menos que generen un espacio —a la vez físico y social— del que se apropien y que controlen ellos mismos.

En *La production de l'espace*, Lefebvre establece una gran distinción entre el «espacio dominado» («invariablemente la realización del proyecto de un amo») y su opuesto, el «espacio apropiado». El espacio dominado es el que ha satisfecho el deseo económico de crear una intercambiabilidad entre lugares. Al igual que las tierras de labranza que han sufrido el proceso de «concentración parcelaria», el espacio dominado se ha vuelto hostil al uso humano:

> *Cuanto más funcionalizado está un espacio —cuanto más se encuentra dominado por los «agentes» que lo manipulan y lo vuelven monofuncional— menos se presta a la apropiación. ¿Por qué? Pues porque se sitúa fuera del tiempo vivido, tiempo diversificado y complejo experimentado por los usuarios.*[28]

La transformación social es inseparable de la idea de producir un espacio *utilizable*: «Un espacio social

---

[28.] Lefebvre, *La production de l'espace, op.cit.*, pp. 411-412 [en castellano, p. 389].

111

elaborado, complejo y exitoso, en una palabra, *apropiado*, y no solo *dominado* por la técnica y el influjo político».[29] Quizá no se haya apreciado bastante la ironía de que un texto tan importante de la teoría antiproductivista como *La production de l'espace* sea en gran medida un manifiesto a favor de la «producción»: el «espacio apropiado» debe ser «producido». Hay un medio de producción y hay un producto. El proceso de apropiación involucra cierta dosis de *poesis* («poesía»), en el sentido amplio del término: una producción que reafirma el papel central de la estética en la transformación social. Siguiendo este hilo, para Lefebvre, la máxima expresión de la actividad apropiadora es la obra de arte. El modelo de producción no alienada es la creación artística y, por ende, toda producción debe ser placentera y artística, es decir, el resultado de la participación efectiva en la construcción creativa de un espacio. Los espacios apropiados, como las favelas de Río de Janeiro, «se parecen, pero no imitan» a una obra de arte. «Las enormes aglomeraciones de chabolas de Latinoamérica [...] la disposición de su espacio —casas, muros, plazas— despierta una inquieta admiración».[30]

La favela como ejemplo de espacio apropiado demuestra que la forma-comuna florece mejor en los

---

[29] Lefebvre, *Espace et politique*, *op. cit.*, p. 145 [en castellano, p. 131].

[30] Lefebvre, *La producción de l'espace...*, *op. cit.*, p. 405.

intersticios de la lógica capitalista, en sus desajustes y sus márgenes, en los lugares que ha olvidado o despreciado, o en los momentos, incluso años —como en el caso de Notre-Dame-des-Landes—, en los que el Estado se ha echado una siesta. También ilustra claramente que el cambio social, al rechazar la ética de la acumulación, deviene más de la transformación del trabajo o de la extensión de la vida no laboral que del aumento de la capacidad de control sobre la propia vida laboral. Siguiendo a Marx, Lefebvre estableció una distinción entre las sociedades que se caracterizan por la acumulación y las que no lo hacen. Las formaciones económicas precapitalistas, como la comuna campesina rusa —la *obschina* de la que se *ocupó* Marx en los años posteriores a la Comuna de París—, aunque a menudo producían excedentes, estaban orientadas a la simple reproducción y, por tanto, eran fundamentalmente no acumulativas. También se integraban en ritmos naturales y cíclicos y tendían a un equilibrio estático. Bajo el capitalismo, como sociedad acumulativa que es, la esfera económica pasa a ser predominante y determinante. Lefebvre amplió la distinción entre sociedades acumulativas y no acumulativas a la distinción entre *procesos* acumulativos y no acumulativos. Esta perspectiva permite analizar la lucha por la vida cotidiana como una lucha por lograr que prevalezcan procesos, deseos y pulsiones no acumulativos que no son reducibles a imperativos económicos: la espontaneidad, el arte, la sensualidad. En los espacios

113

que no están sometidos a la fuerza motriz de la acumulación, el tiempo se mueve de otra manera, sin ataduras a imperativos estatales o económicos. La propia forma-comuna se puede entender como un conjunto de procesos no acumulativos. Un proceso no acumulativo, como por ejemplo el «uso», en particular el uso de la tierra en común, choca frontalmente con el intercambio, porque implica apropiación y no propiedad. «Habitar» u «ocupar» puede ser otro de estos procesos. Pensar nuestra vida desde el punto de vista del lugar en el que vivimos, habitar un lugar y ser habitado por él, sobre todo ahora, testigos como somos de la destrucción del entorno vital, es una respuesta a la cuestión de cómo desarrollar una óptica, una perspectiva, una orientación que no sea la de la economía.[31]

Al igual que Marx, Lefebvre deja muy claro que la relación que la apropiación crea con el espacio-tiempo no es de propiedad; la apropiación forma parte integral de la abolición positiva de la propiedad privada: «No se trata en absoluto de propiedad; de hecho, se trata de algo completamente diferente; es el proceso por el cual un individuo o grupo se apropia algo externo y lo transforma en suyo, de modo que podemos hablar de un tiempo o un espacio urbano apropiado por

---

[31.] Este punto es desarrollado elocuentemente en *Bogues*, n.º 6, verano del 2018, pp. 14-15.

114

el grupo que ha dado forma a la ciudad».[32] La apropiación implica «uso» más que propiedad; algo así como un «derecho al uso» junto con un «derecho a la obra», un derecho a la creación o *poesis* en el sentido amplio de creatividad social inmanente, una confección y un uso que ignoran la división legal y espacial de lo mío y lo tuyo.

Los espacios apropiados aquí y allá, como modelos experimentales de «propiedad social», pueden erigirse, evitando la propiedad, en ejemplo para otros modelos. Cada vez que se logra implementar algún tipo de apropiación, cuando y donde sea, dicha práctica puede acabar constituyendo un ejemplo y cambiando nuestras ideas sobre lo que es posible, al ofrecernos una ilustración práctica de lo que puede prosperar cuando la racionalidad económica deja de ser lo que importa. Hay más mundos posibles que no son un mundo organizado para el comercio y el beneficio económico. Así que cada ejemplo, cada puesta en práctica, visibiliza un acto de autoemancipación. Pese a ello, el horizonte asintótico de la transformación sigue siendo la supresión de la propiedad privada de la tierra. Lefebvre no consiguió imaginar una fórmula para lograr esta supresión que no fueran las incursiones contra la ideología de la propiedad practicadas mediante la apropiación. El control estatal le parecía desastroso,

---

[32] Henri Lefebvre, *Du rural à l'urbain*, Broché, París, 2001, p. 198.

ya que transfiere los derechos de propiedad al Estado. La municipalización —según Murray Bookchin— presentaba los mismos problemas e inconvenientes, solo que a una escala diferente. En su opinión, la única respuesta era algo parecido a lo que solíamos llamar «educación política»: la lenta creación de una percepción común más que de una creencia compartida. Se necesita una socialización gradual de toda la población en su conjunto, inspirada en los ejemplos de espacios apropiados o comunas, para promover un cambio en su orientación. La forma-comuna, según esto, como espacio en el que el tiempo de trabajo ha dejado de ser el tiempo social dominante y el tiempo de cooperación llena el vacío, constituiría una manera de desarrollar tal orientación, un punto de vista distinto al de la economía. El desarrollo social cualitativo se lograría a través de la expansión de sistemas de valor —social, estético, ecológico— que son independientes de la lógica del mercado, ya que cualquier modelo basado en «compartir» o en los «recursos compartidos» interrumpe el buen flujo del juego del libre mercado y su eficiencia.[33] Algo como el comunismo se crea a contracorriente del capitalismo, en paralelo a este y no después de él, es decir, no supone ningún tipo de continuidad de la definición capitalista del mundo, no sigue ninguno de sus principios: el gigantismo, la centralidad y la abstracción.

---

[33] Lefebvre, *Espace et politique, op. cit.*, pp. 156-157.

Composición

A estas alturas, debería estar claro que la forma-comuna no se presta a una definición estática, inalterable en el tiempo. No es un concepto. La forma es inseparable de sus diversas ejemplificaciones, cada una de las cuales se involucra con las condiciones particulares del presente, que Marx denominaría «su propia existencia». Es tanto un movimiento como un territorio compartido en común: un movimiento político que elabora colectivamente la vida deseada, un medio que se convierte en fin. Y es, quizá, la única vía racional que tiene la gente para identificar y organizar sus propias fuerzas como una fuerza social: «La reasunción por parte del pueblo y para el pueblo de su propia vida social».[34]

Como forma, es tanto específica, es decir, reconocible, como infinitamente transmutable; se transforma con facilidad para poder prosperar según las diferentes épocas y lugares. Lo que Kropotkin dijo de la sociedad anarquista bien podría decirse de la forma-comuna: «No estará cristalizada en ciertas e invariables formas, sino que modificará continuamente su

---

[34.] Marx, *The civil war in France...*, *op. cit.* [Hay trad. cast.: *La guerra civil en Francia*; sin embargo, la edición no incluye el primer manifiesto, tal como sí hace la versión citada por la autora. Se puede encontrar una traducción fiel al texto original en el enlace siguiente: lc.cx/jZ5Jx4].

117

aspecto».[35] Y el aspecto modificado solo se puede determinar en el acto de su realización, ya que la comuna debe formarse o componerse, debe tomar forma. La forma-comuna consiste en «producir» espacio, como decía Lefebvre: construir espacios y lugares en el sentido más literal y pragmático del término, y atender a su funcionamiento cotidiano. «"Cambiar la vida", "cambiar la sociedad", nada significan estos anhelos sin la producción de un espacio apropiado».[36]

Es esta atención pragmática y cotidiana a la gestión colectiva de los asuntos comunes lo que de modo sistemático traía a la memoria la palabra «comuna» en sus primeros usos históricos: «En resumen, la palabra "comuna" evoca sobre todo la idea, no de un gobierno libre, sino de un grupo que se formó para gestionar intereses colectivos».[37] Charles Petit-Dutaillis, en su estudio de los usos de esta voz durante la Edad Media,

---

[35] Piotr Kropotkin, *Memoirs of a revolutionist (1899)*, citado en Herbert Read (ed.), *Kropotkin. Selections from his writings*, Freedom Press, Londres, 1942, p. 114 [en castellano, la traducción más fiel al texto de la autora se encuentra en formato digital: lc.cx/4R5LaP, p. 272].

[36] Lefebvre, *La production de l'espace...*, *op. cit.*, p. 72 [en castellano, p. 116].

[37] Charles Petit-Dutaillis, *Les communes françaises. Caractères et évolution, des origines au XVIIIe siècle*, Albin Michel, París, 1947, p. 21. Los entrecomillados siguientes pertenecen a la misma página reseñada en esta nota y a la página 137 en orden de lectura. *(N. de la T.)*

118

descubrió que «más o menos directamente, pero casi siempre, la palabra se relaciona con los esfuerzos de una comunidad para proteger mejor sus intereses morales o materiales». El autor defiende que el sentido de una gestión o administración colectiva de la vida cotidiana se ve reforzado por la etimología de la palabra. A diferencia de las etimologías recientes que le atribuyen una connotación jurídica (la comuna como conjunto de leyes que rigen una comunidad), Petit-Dutaillis afirma que la palabra deriva del latín *communio*, que significa «asociación». Según él, durante el siglo XII, el uso habitual y popular de *commune* designaba la unión de personas que tenían intereses comunes, una asociación.

En la defensa que hace Petit-Dutaillis del sentido administrativo de la palabra frente al gubernamental resuena el eco de los potentes escritos del comunero parisino Jules Andrieu. Encargado de la administración comunal de la ciudad de París durante la Comuna de 1871, Andrieu se ocupó de la gestión cotidiana de la actividad de la ciudad y la supervivencia material de sus habitantes. Para Andrieu, el aspecto más «satánico» del plan de batalla de Thiers era el cese repentino de los servicios públicos y el efecto que tendría en el día a día de la ciudad. En uno o dos días reinaría el caos: cadáveres insepultos en los cementerios, fuentes públicas secas, basura amontonada por las calles, alcantarillas desbordadas. A juicio de Andrieu, el proyecto de la Comuna consistía en distinguir en todo momento entre el plano municipal y el nacional; se trataba de administrar París y las necesidades cotidianas de sus habitantes y evitar todo aquello que supusiera participar del gobierno nacional: «La idea principal del movimiento del 18 de marzo [era] que la Comuna de París renunciaba a gobernar Francia». Andrieu consideraba que su papel consistía en sumergirse en las dimensiones más básicas del funcionamiento de la ciudad —desde la distribución de alimentos hasta el alcantarillado, el alumbrado y el acceso al agua, pasando por la gestión de los cementerios— e ignorar, en su mayor parte, la pirotecnia verbal y quizá la grandilocuencia retórica que se producía entre algunos de sus colegas al otro lado de la ciudad, en el Ayuntamiento. La Comuna no era algo que se pudiera proclamar: había que construirla desde abajo. «El municipio necesitaba administradores, pero estaba lleno de gobernantes».[38] Los «gobernantes» eran los que dictaban decretos sin responsabilizarse de su ejecución, los que lanzaban discursos de cara a la historia en lugar de hablar del presente y para el momento presente: «Es anticuado, es teatral, es jacobino». Los administradores, por su parte, eran quienes respondían cada día a las necesidades cotidianas y se encargaban de satisfacerlas lo mejor posible: «Estoy convencido de que, en la revolución, todo lo que no sirve es perjudicial».

---

[38] Jules Andrieu, *Notes pour server à l'histoire de la Commune de Paris en 1871*, Libertalia, París, 2016 [1871].

Por lo tanto, si la forma-comuna no consiste tanto en gobernar como en gestionar los intereses comunes, implica un compromiso permanente que *evite* que se establezcan relaciones e instituciones de forma rígida y que luche por construir partiendo de una apertura continua y flexible a la improvisación colectiva y a las confrontaciones creativas y prácticas según lo requiera la situación. Podemos plantearla como un proyecto abierto, que nos orienta y nos empuja hacia un horizonte más allá del capitalismo y de la burocracia estatal. La transmutabilidad de la forma está directamente relacionada con las personas concretas que hacen cada comuna y que, al hacerlo, perfilan un modo de vida, una subsistencia, acorde con la ubicación de la comuna, su espacio. Y, lo que es igualmente importante, conciben un modo de vida en sintonía con lo que las personas que forman la comuna deciden que será su propia emancipación política. Cada comuna se construye desde lo particular en relación directa con un espacio específico: ligada a sus sujetos, a su geografía, a la historia de sus conflictos y éxitos, a sus atributos y a los desafíos vividos, así como a los retos venideros.

Pero ¿quiénes son esos actores, esos sujetos que «producen» un espacio físico del que se apropian? Al final de *La production de l'espace*, Henri Lefebvre reflexiona, de nuevo de forma visionaria, sobre una de las principales características de las luchas por el espacio:

No hay motivo para sorprenderse cuando una cuestión relativa al espacio implica la concertación (generalmente censurada por los políticos) entre gente muy diversa, entre tipos «reactivos» (reaccionarios, en el vocabulario corriente), «liberales», «radicales», «progresistas», demócratas «avanzados», incluso revolucionarios. Tales coaliciones, a propósito de algún contraproyecto o contraplan, proponiendo un contraespacio en oposición a las estrategias en curso de ejecución, se observan en todo el mundo, sea en Boston, Nueva York, Toronto o en las ciudades inglesas o japonesas. La oposición típica de los «reactivos» frente a algún proyecto responde a la defensa de su espacio privilegiado, de sus jardines y parques, su naturaleza, su vegetación, a veces también de sus viejas casas confortables —a veces de sus tugurios familiares—. La oposición del segundo grupo, el de los «liberales» o «radicales», a ese mismo proyecto estriba en que el plan representa la confiscación del espacio por el capitalismo en un sentido general o por un grupo financiero particular o por promotores inmobiliarios. La ambigüedad de ciertos conceptos —por ejemplo, el de ecología, con su mezcla de ciencia e ideología— favorece las alianzas más insólitas.

En el momento en el que escribía, a principios de la década de 1970, Lefebvre ya tenía claro que las luchas ecológicas basadas en la defensa de la tierra que se avecinaban impulsarían, como él dice, «la concertación» y «las alianzas más insólitas». Con esto se refiere a la unión situacional (una colaboración apasionada) que no es ni ideológica ni identitaria. Pese a que en el pasaje aquí reproducido Lefebvre sitúa en los entornos urbanos la creación de los contraespacios, en esas mismas líneas podría estar describiendo perfectamente la futura historia de la *zad* de Notre-Dame-des-Landes y señalando lo que, junto con la defensa, constituye su característica más destacable. Es lo que antes he llamado su construcción de la solidaridad en la extrema diversidad. En los setenta, cuando los agricultores decidieron comenzar esta lucha que acabaría demostrando ser tan trascendental, y defendieron sus tierras y su modo de vida negándose a venderse al Gobierno, tuvieron éxito inicialmente, pero, en realidad, dicho éxito se debió más a la propia inercia del Gobierno y a su estrategia de limitarse a esperar. Después, de repente y durante muchos años, fue como si el Estado se hubiese olvidado del proyecto. Pero cuando, a inicios del siglo (bajo el Gobierno socialista), se retomó la idea del aeropuerto, los agricultores pidieron ayuda y entonces llegaron los ocupantes, que crearon un injerto, no exento de conflictos, de al menos tres grupos muy distintos —agricultores, okupas, habitantes de la ciudad—, que empezaron a compartir un territorio y un movimiento.

De por sí, este tipo de coalición es bastante singular si lo comparamos, por ejemplo, con movimientos similares basados en la defensa del territorio en Australia o en el continente americano y otros territorios que en el pasado fueron colonias formadas mediante el envío de colonos. La mayoría de las luchas territoriales en el continente americano, como la de Chiapas, Standing Rock (en las montañas de Dakota) o cualquiera de los numerosos bloqueos contra oleoductos en Canadá, están protagonizadas y dirigidas en gran medida por pueblos indígenas. Los partidarios no indígenas se unen a ellos, por supuesto, pero la dinámica del movimiento se conjuga necesariamente dentro de la tumultuosa historia a la que han estado sometidos los pueblos nativos y su relación con sus tierras. Una dinámica parecida prevaleció también en el movimiento de Larzac en Francia. Aunque los grupos que acudieron a apoyar a los campesinos conformaban una diversidad nunca vista en Francia —maoístas, separatistas occitanos, pacifistas, revolucionarios comprometidos con el derrocamiento del Gobierno, monjas—, los campesinos, las familias originales que se comprometieron a no vender sus tierras, eran quienes llevaban las riendas, eran quienes tomaban las decisiones. En la *zad*, en cambio, con un inverosímil surtido de componentes —su extraña mezcla de agricultores versados en luchas pasadas, jóvenes agricultores de la zona más radicalizados, comerciantes pequeñoburgueses de pueblos cercanos, cargos electos, okupas anarquistas y naturalistas que ni siquiera creen en la ganadería—, ninguno de ellos ocupaba una posición de

124

liderazgo. Esto creó un tipo de movimiento muy diferente a las luchas ideológicas o identitarias a las que nos tiene acostumbrados la historia de la izquierda; un movimiento que, en su deseo de mantener unidos a los componentes que lo forman, diversos pero iguales, requiere, como dijo un habitante de la *zad*, «tacto más que táctica».[39]

En Valparaíso (Chile), un ejercicio similar de solidaridad entre diversos grupos logró una victoria importante. A finales del 2017, la Corte Suprema de Chile anuló el permiso para construir un enorme centro comercial que hubiera cubierto toda la zona histórica del puerto, un paseo marítimo lleno de vida y en funcionamiento. La resolución puso fin a otra batalla de diez años entre habitantes y promotores.

En Chile, los centros comerciales al estilo norteamericano —como los aeropuertos en España— han proliferado por todo el país, introducidos mediante el conocido y eficaz discurso de la modernización, la creación de empleo y el beneficio económico. Pero la escala de este proyecto en particular superaba de lejos la de cualquier otro. Estaba previsto que tuviera 162 *boutiques* de lujo, centros de convenciones e incluso un parque temático. Una vez más, otra alianza insólita —esta vez formada principalmente por trabajadores portuarios, artistas, urbanistas y estudiantes— vio

---

[39] Mauvaise Troupe, *Contrées...*, *op. cit.*, p. 156.

con claridad cuál era la naturaleza y objetivo reales del centro comercial: un espacio diseñado no para ellos, sino para turistas y de paso para hombres de negocios, y, por tanto, un expolio del bien común. Se trataba de otra guerra prolongada, pero, aunque les costó diez años de acciones coordinadas, maniobras legales e improvisadas, consiguieron defender su ciudad y su paseo marítimo.

Es importante subrayar, como hace Lefebvre en líneas generales, la falta de unidad identitaria o ideológica en el seno de tales coaliciones. Las formas comunales de «habitar» o de «compartir el uso» —en particular de la tierra— son absolutamente políticas, y lo son de tal manera que nos permite romper con los moldes de la ideología y del identitarismo. La *zad* no es una secta religiosa cuyos miembros cantan alabanzas al unísono y comparten un credo, y es desde esta perspectiva desde la que hemos de leer, recordemos, la reticencia de la ocupante que he citado antes a servir en el Ciclo de los Doce y enfrentarse a las disputas díscolas que dividían a los ocupantes. El colectivo *zad* Mauvaise Troupe dio un nombre al proceso de mantener la diversidad táctica frente a un enemigo común: lo llamaron «composición».

La composición, podríamos decir, nació con la *zad*, aunque guarda una clara relación con la subjetividad política relacional que caracterizó a movimientos anteriores de los años sesenta y setenta del siglo XX. Hemos hablado de la coalición tripartita que surgió

126

en Nantes en 1968, cuando los *paysans* se unieron a los estudiantes y a los trabajadores en huelga. Una subjetividad relacional de tipo similar se desarrolló de manera evidente en la prefectura de Chiba, a las afueras de Tokio, en la década de 1970, cuando, bajo los cielos surcados por la dominación estadounidense, surgió una coalición en forma de encuentros entre los agricultores —que habían comenzado a atrincherarse para defender su modo de vida y que durante el proceso comprobaron la verdadera violencia de la que era capaz el Estado— y los estudiantes y trabajadores radicales de la capital —que nunca antes habían pensado en quién producía los alimentos que comían y dónde y cómo se producían—. En cambio, el modelo de base social creado en la *zad* era diferente: se trataba, en esencia, de una alianza de trabajo que implicaba, como en los movimientos de los años sesenta y setenta, desplazamientos y desidentificaciones mutuas, pero también compartir un territorio físico, un espacio vivido. En realidad, la composición no es más que el fruto de un encuentro inesperado entre dos o más mundos y la promesa contenida en el devenir-comuna de ese encuentro. Es, pues, un espacio, o más bien un proceso, en el que incluso los antagonismos pueden crear un vínculo. Cuando las fuerzas autónomas se unen y se asocian, pueden complementarse o contradecirse, pero, a fin de cuentas, siguen dependiendo unas de otras. Cuando el proceso funciona, los distintos elementos se esfuerzan más por trabajar juntos para perseguir deseos comunes que exceden los individuales que por intentar resolver sus diferencias.

El objetivo, en otras palabras, es el reconocimiento continuo del valor de la complementariedad de las prácticas. Esto significa no intentar convertir al otro ni convencerlo de la superioridad de los propios métodos, ya sean estos el sabotaje de maquinaria, la defensa mediante escritos jurídicos, la catalogación de especies en peligro de extinción o el ejercicio de la violencia frontal con la policía. No tiene sentido fetichizar la legalidad o la ilegalidad, la violencia o la no violencia. Esto, en efecto, es algo crucial para un movimiento que el Estado intenta incesantemente dividir y conquistar enfrentando a unos grupos con otros. La fuerza del movimiento deriva precisamente de lo diverso de su composición, que en el caso de la *zad* le permitió expresarse mediante acciones muy diferentes, desde bloqueos de carreteras con tractores, pasando por maniobras legales y hasta manifestaciones violentas. Su fuerza deriva de la complementariedad de métodos variados.

La composición crea y se esfuerza por mantener la solidaridad en la diversidad, una solidaridad entre personas de ideologías, identidades y creencias dispares, cuya unión y resistencia conjunta frente a un enemigo común no se traduce en una ortodoxia final, sino que promueve una activa formación del eclecticismo interno. Esa es la razón, tal como remarca Lefebvre, de la alergia que los partidos políticos le tienen a este tipo de movimientos basados en la defensa del territorio, y también al revés, porque el sentimiento es mutuo. Ese eclecticismo y los desacuerdos que puede producir a menudo son agotadores, incluso empeoran la situación. Así que ¿por qué hacer el esfuerzo? Pues porque el poder del movimiento reside en un cierto exceso, el exceso de crear algo que es mucho más que la simple suma de varios «nosotros».

La composición es también la impronta de la inversión masiva dirigida a organizar la vida en común dejando de lado las exclusiones en nombre de las ideas, identidades o ideologías tan habituales en los espacios radicales. Confecciona el tejido de un nuevo tipo de solidaridad, en el que la unidad de experiencia cuenta más que la divergencia de opiniones y en el que se amplifica la convicción de Kropotkin de que la solidaridad no es ni una ética ni un sentimiento moral: es una estrategia revolucionaria, quizá la más importante de todas. Recordemos que la primera y única Internacional real se conformó, por supuesto, en el siglo XIX con la formación de la solidaridad entre trabajadores, el reconocimiento entre los obreros de que compartían intereses por encima de las diferencias nacionales. Sin embargo, como han explicado tanto André Gorz como otros autores, el mundo del trabajo —buscarlo, performarlo, identificarse con él, ser definido por él—, el mundo que dio sentido a la vida y a las acciones de los miembros de la Primera Internacional y que también dio origen a la idea de que había un único grupo social destinado a crear el comunismo, ese mundo ya no es un mundo que compartamos. Lo que sí tenemos en común es un enemigo que se oculta tras nombres diversos: la internacional capitalista, el tecno-capitalismo, el complejo agroindustrial. Y lo que ofrece la comuna como medio político y social que no ofrece la fábrica es un ámbito social más amplio, que incluye a las mujeres, los desempleados, los ancianos, los animales y los niños. Abarca no solo la esfera de la producción, sino la de la producción y el consumo, y, en la práctica, al menos en parte, supone una salida existencial colectiva, a escala humana, del mundo del trabajo asalariado, de la gratificación del consumidor y, quizá lo más importante, una vía de escape incluso para los creyentes más devotos de la promesa de crecimiento infinito del capital. Lo que demuestran los movimientos de composición contemporáneos es que desarrollar estrategias en común con personas que tienen diferentes modos de acción política no solo es posible, sino que es deseable a condición de tener un enemigo común claramente designado y a condición de que la solidaridad sea efectiva en los varios componentes, es decir, que haya solidaridad no a pesar de la diversidad de los grupos, sino debido a ella. Como con tanta elocuencia expresó un amigo que conocí en la *zad*, «estamos arrinconados, todos los medios son buenos, siempre y cuando no sean únicos: la complementariedad de las prácticas ha surgido de la lucha».[40]

---

[40]. Tristan Vebens, *Notes de discussion sur les possibles dans la zad de Notre-Dame-des-Landes et ailleurs*, 26 de agosto del 2019, p. 11.

Restitución

El acceso a la tierra, así como su uso compartido y su cuidado en común, es la clave de la cuestión. En ninguna parte se ha planteado este asunto con más fuerza que en un texto reciente de la *zad* de Notre-Dame-des-Landes titulado *Prise de terre(s)*. Sus autores se cuentan entre los que permanecieron en el lugar para seguir cultivando la tierra colectivamente tras haber derrotado el proyecto del aeropuerto. El panfleto se escribió ante los insistentes intentos de los *cumulards* de recuperar la posesión de las tierras que habían vendido y abandonado durante las expropiaciones gubernamentales. La propia capacidad de los autores del panfleto para continuar con sus experimentos de agricultura colectiva depende, en sus propias palabras, «de nuestra capacidad de poner la cuestión de las tierras y del planeta Tierra en el centro de los debates políticos actuales».[41]

---

[41]. *Prise de terre(s)*, Notre-Dame-des-Landes, verano del 2019, p. 11. Los *cumulards* («acumuladores»), tal y como implica su nombre, son conocidos por sus métodos acumulativos. En la región de la *zad*, el término se usa para denominar a los que «veulent le beurre et l'argent du beurre» («lo quieren todo»): los granjeros productivistas que ya habían sido indemnizados por su tierra tanto con dinero como con terrenos alternativos fuera de la *zad* durante los procesos gubernamentales de expropiación y que, sin haber participado en absoluto en la batalla para salvar el *bocage*, insisten en regresar a sus antiguas posesiones.

La cuestión de la tierra es, por supuesto, un elemento central en cualquier momento y lugar en el que surja la forma-comuna. De hecho, así fue durante el periodo final del despertar del inconsciente comunal de la década de 1970, un momento del que hemos seleccionado, como principios rectores de este ensayo, las batallas de Sanrizuka y Larzac. La centralidad de la cuestión de la tierra se deriva en parte de dos hechos sencillos: en primer lugar, que el tipo de autonomía necesaria para el desarrollo de prácticas comunales es, ante todo, una cuestión ligada a la tierra; y, en segundo lugar, que la alienación de la tierra es la fuente más primitiva y primaria de alienación que los humanos han experimentado. La tierra suministra los recursos para un cierto grado de autonomía económica al fomentar la autosuficiencia, una semiautonomía económica que es también política, puesto que puede abrir el camino a la liberación no solo del trabajo asalariado, sino de la visión del mundo, la orientación y las formas de dominación —físicas y de todo tipo— que el trabajo asalariado promueve. La relación con la tierra puede servir de apoyo para fomentar prácticas ecológicas y puede ayudar a escapar del consumismo. La tierra proporciona el espacio o lugar físico en el que construir una vida en común. Pero también establece un anclaje histórico para esa colaboración, un punto de encuentro que aporta el sustrato para que con el tiempo florezca «la mémoire paysanne». Permite todo un tejido de intimidades sociales, conocimientos y prácticas comunes, así como significados simbólicos, y hace posible incluso que la «conciencia muscular» del territorio y su terreno evolucione, se recuerde, se entreteja y se transmita. La tierra es memoria.

Sin embargo, la centralidad de la cuestión de la tierra adquiere *hoy* una urgencia considerable ya que sabemos, por poner solo uno de los muchos ejemplos chocantes y desdichados existentes, que, a mediados de este mismo siglo XXI, la tierra cultivable por persona en el planeta supondrá una cuarta parte de la que había en la década de 1960.[42] La naturaleza finita de las tierras de cultivo y, en general, la destrucción acelerada del medioambiente convierten la tierra en el punto clave e ineludible de los debates políticos actuales y en un elemento central al tomar decisiones existenciales y políticas. Y esto vale tanto para la Francia occidental y la Sudáfrica posapartheid como para el Movimento dos Trabalhadores Rurais Sem Terra en Brasil o la tribu kanien'kehá:ka de Canadá.[43] En la medida en

---

[42] Previsión de la Organización de las Naciones Unidas para la Alimentación y la Agricultura citada en Benjamin Kunkel, «The Capitalocene», *The London Review of Books*, vol. 39, n.º 5, 2 de marzo del 2017.

[43] En una inspirada apropiación, el Movimiento de los Trabajadores Rurales Sin Tierra aprovechó una cláusula de la Constitución brasileña que permitía apropiarse de las tierras agrícolas no utilizadas y cultivarlas. Los kanien'kehá:ka, tribu nativa de Kanehsatà:ke, tienen una reclamación sin resolver sobre la tierra que una vez abarcó el aeropuerto de

133

que la agricultura capitalista solo puede desgastar y agotar la poca tierra cultivable que queda, la afirmación de Silvia Pérez-Vitoria de que en la actualidad no puede darse ningún tipo de transformación socialista que no se base en la agricultura campesina emerge como una certeza.[44]

Pero ¿qué tipo de transformación cabe imaginar? Recordemos que Henri Lefebvre, en última instancia, hizo depender la transformación social a gran escala de la supresión de la propiedad privada de la tierra. Por supuesto, no fue el primero en proponer esto y entre los más firmes defensores de este punto se encontraban muchos comuneros y simpatizantes comuneros del siglo XIX, sin olvidar al mismo Karl Marx. Todas las tierras cultivables, escribió el comunero Élisée Reclus, deben ser comunes, como lo eran en muchas de «las llamadas "sociedades salvajes"» en las que no se conocía la miseria.[45] William Morris, principal defensor británico de la memoria de la Comuna de París, creía, como Reclus, que el primer paso que había que dar (y del que se derivaría todo lo demás) era mantener la tierra dentro de lo común:

Mirabel y que se remonta a 1717 y, presumiblemente, a mucho antes.

[44] Silvia Pérez-Vitoria, *Manifeste pour un XXIe siècle paysan*, Actes Sud, París, 2015, p. 14.

[45] Élisée Reclus, citado en Ross, *L'imaginaire de la Commune*, *op. cit.*, p. 173 [en castellano, p. 172].

Los recursos de la naturaleza, principalmente la tierra y esas otras cosas que solo se pueden utilizar para la reproducción de la riqueza y que son el efecto del trabajo social, no deben pertenecer a unos pocos, sino a toda la comunidad para el beneficio de todos.[46]

La versión de Gustav Landauer sobre el sendero de la transformación socialista sigue esta misma línea, que para él se conformaría en torno a la creación de cooperativas de producción y consumo libremente federadas, la cual dependía de una condición principal: la posesión de la tierra.

No obstante, «poseer la tierra en común», como dice Reclus, o «la tierra [...] en manos de la comunidad [...] en beneficio de toda la comunidad», en palabras de Morris, ¿se traduce necesariamente en el fin de la propiedad privada de la tierra de manera universal? Para Lefebvre, al menos, la supresión total de la propiedad privada de la tierra era lo que antes he llamado una especie de horizonte asintótico, un punto en el horizonte en el que centrarse, una forma de orientarse, una guía, sí, pero no algo que se consiga de golpe, ni en masa para todos y en todas partes al mismo tiempo. En su opinión, la erosión de la ideología propietaria podría fomentarse mediante la educación política y,

---

[46]. William Morris, citado en Ross, *L'imaginaire de la Commune*, *op. cit.*, p. 173 [en castellano, p. 172].

sobre todo, en la medida en que el cultivo y la difusión de prácticas no acumulativas como la apropiación se convirtieran —la elección de palabras es deliberada— en algo habitual. Se puede dar uso a un terreno que parece infrautilizado; se puede crear, construir y frecuentar un espacio colectivo de reunión —como demostraron hace poco con gran éxito los *gilets jaunes*— allí donde hace falta un lugar así; se puede defender una zona amenazada de destrucción. A este respecto, los autores de *Prise de terre(s)* están del todo de acuerdo. No hay que esperar en absoluto, escriben, a una inversión total de la economía para hacer constar otras formas de posesión social. No podemos declarar o decretar el fin de la propiedad privada ni esperar a que esta se logre por completo. No es algo que nos esté esperando al final del camino. Haciendo honor a su papel de «embriones de poder comunal y de solidaridad local», esos lugares, alianzas y colaboraciones que ya ponen en práctica todo un nuevo conjunto de relaciones de propiedad contribuyen a hacer retroceder la propiedad privada ampliando las esferas de actividad en las que no prevalece la racionalidad económica del mercado.[47]

Cuando el comunero parisino Arthur Arnould, en unos textos escritos en 1878, años después de la Comuna de París, reconoció la centralidad de la cuestión

---

[47.] *Prise de terre(s), op. cit.*, pp. 46-47.

de la tierra y su uso para cualquier revolución política, no habló en términos de recuperar la posesión de la tierra en el sentido de propiedad, sino más bien en términos de «restitución» de la tierra a la colectividad: «El marco general de la revolución social debe, necesariamente, adoptar un carácter colectivista, es decir, proceder a la restitución —en manos de la comunidad— del suelo y de todos los instrumentos de trabajo, tanto de capital como en especie». La elección de Arnould de la palabra «restitución», en la medida en que la sitúa fuera de una lógica de acumulación o de expropiación, es muy interesante. En efecto, la «restitución de la tierra» podría ser un eslogan adecuado para muchas de las luchas que se libran hoy en día en todo el mundo a fin de superar la alienación de la tierra y situarla en el centro de la acción política. Arnould añade que, sin la restitución al colectivo, «el Estado, que creíamos abolido, reaparecería en cada comuna».

La «restitución» sugiere una relación simbiótica entre la tierra y quienes la trabajan que nada tiene que ver con la colectivización al viejo estilo soviético ni con la nacionalización. Utilizado con frecuencia por los nativos americanos en el contexto de las luchas por la tierra, el término evoca una relación histórica con el territorio, una relación que puede que se haya perdido, que haya sido olvidada o haya sido arrancada violentamente, pero que sigue presente de alguna forma, dispuesta a ser reavivada y restaurada con un proceso continuo de reaprendizaje y reinvención de las prácticas diseñadas para preservar la tierra para las generaciones futuras. Dicho de otro modo, saber utilizar la tierra implica valerse de las tradiciones que la preservaron y defendieron pensando en las generaciones futuras, algo del todo opuesto al modo dominante en la actualidad de reivindicar y ejercer el derecho a aprovecharla al máximo y ahora. Son prácticas que extienden la solidaridad a los muertos y a los olvidados, en formas que Élisée Reclus, quizá mejor que ningún otro comunero parisino, supo expresar en toda su plenitud y profundidad.[48] Y, por la misma razón, estas formas de hacer también convocan de forma activa a los que vendrán después de nosotros. El trabajo creativo de las generaciones pasadas nos ha legado una herencia común que hay que cuidar y proteger. Los recursos del mundo, al igual que la fértil dote proporcionada por el trabajo creativo del pasado, son de propiedad común y se deben gestionar y cuidar colectivamente.

No debería sorprendernos mucho que un comunero urbano como Arnould se preocupe por la restitución del suelo. Massimiliano Tomba, en su análisis de la actitud y las medidas adoptadas respecto a la propiedad privada durante la Comuna de París, hace patente que las opiniones de los comuneros sobre la

---

[48] Ross, *L'imaginaire de la Commune*, *op. cit.*, pp. 124-128 [en castellano, pp. 120-130].

posesión claramente tenían su origen en las formas de propiedad reguladas comunalmente del Antiguo Régimen, los acuerdos y convenios de *paysans* que definían el uso común de la tierra, y no tanto en los derechos de propiedad individual proclamados en la Declaración de los Derechos del Hombre. Para los comuneros de 1871, los usos y necesidades del grupo primaban sobre cualquier derecho abstracto del individuo a la propiedad. No impugnaban la propiedad, sino que se oponían a que el derecho de propiedad pudiera ser considerado como algo absoluto. Tomba utiliza dos ejemplos para ilustrar las ideas de los comuneros sobre la posesión social: uno, una parábola literaria-histórica tomada de Cicerón, y el otro, derivado de sus propias prácticas. En el primero, en un pasaje muy querido y citado por Proudhon, Cicerón compara la tierra con un gran teatro:

> *«Aunque el teatro es un lugar común (com-mune), es correcto decir, sin embargo, que el asiento particular que un hombre ha tomado (ocupado) le pertenece». De este modo, Proudhon acepta el derecho de posesión, pero lo limita al uso y a la necesidad. No tiene sentido que alguien, en un teatro, se apropie «al mismo tiempo de un lugar en el foso, otro en los palcos y un tercero en la galería». Y según esto, el ocupante, para Proudhon, es «un poseedor o usufructuario, condición que excluye la propiedad». El derecho de usufructo*

está regulado por el uso y la necesidad, que varía con el tiempo y según el número de ocupantes.[49]

Por la misma razón, cuando en 1871 los comuneros requisaron los apartamentos y talleres vacíos abandonados por los aterrorizados burgueses que habían huido de la ciudad al nacer la Comuna, no estaban promulgando un cambio de propiedad. Más bien, estaban reconfigurando los derechos de propiedad para que fueran derechos del grupo y no del individuo. Desde el punto de vista del colectivo, el derecho a la propiedad de un propietario no incluía dejar vacíos y sin uso recursos tan valiosos como talleres y viviendas.

El menoscabo comunero de la ideología propietaria es inseparable de la crítica ecológica al capitalismo elaborada durante la década posterior a la masacre por algunos de los supervivientes de aquellos sucesos. En *Lujo comunal* intenté reflejar cómo en las discusiones y debates mantenidos por comuneros como Paul Lafargue, Gustave Lefrançais y Reclus, y otros compañeros de viaje, especialmente Marx, William Morris y Kropotkin, empezó a tomar forma algo parecido al ecosocialismo. En los encuentros y las polinizaciones

---

[49]. Massimiliano Tomba, *Insurgent universality. An alternative legacy of modernity*, Oxford University Press, Oxford, 2021, pp. 91-92. Véase su extenso análisis de la reconfiguración de las relaciones de propiedad de los comuneros, pp. 91-97.

cruzadas que tuvieron lugar ya fuese en Londres, las montañas del Jura en Suiza o dondequiera que se refugiasen los exiliados de la Comuna, los refugiados y sus partidarios forjaron una contundente lectura de la índole antiecológica del capitalismo y de los estragos causados por la industria y el comercio. La comprensión que surgió de la experiencia de la Comuna y sus secuelas cayó en un profundo olvido durante la larga contrarrevolución que comenzó en el mismo momento de su caída y cuyo primer acto mostró lo bárbaro y selectivo de las represalias versallescas contra la Comuna: el intento burgués de la Tercera República por exterminar uno a uno y en masa a su enemigo de clase. Con esta masacre, la burguesía demostró que había asumido suficiente poder como para hacerse con el control total. Los industriales burgueses y los agricultores provincianos ricos pusieron en marcha su histórica alianza, fusionando por primera vez la sociedad capitalista y el Estado republicano, e introduciendo las transformaciones estructurales en el modo de explotación y acumulación necesarias para racionalizar, en los años que siguieron, tanto la producción como el combate. La acelerada agenda colonialista de las décadas siguientes marcó el indisputado reinado de esta alianza. En resumen, la desaparición de la Comuna dio inicio a un repliegue profundamente conservador en torno a la identidad nacional que se extendió durante todo el régimen de Vichy y que perduraría hasta las convulsiones políticas vividas en las décadas de

1960 y 1970. Solo entonces, a raíz de las huelgas, insurrecciones y experimentaciones políticas de los largos años sesenta, e inspirada en ellas, surgió, o tal vez resurgió, la comprensión de la incompatibilidad fundamental entre el crecimiento capitalista y la supervivencia humana y planetaria, cuyos posicionamiento y carácter eran tan intransigentes como los de la perspectiva planteada por Kropotkin, Reclus y Morris cien años antes. En este sentido, se puede considerar que la Comuna de París y los movimientos comunales de los años sesenta y setenta del siglo XX constituyen una especie de «hitos» que rodean y, de hecho, abarcan toda la era de lo que Arthur Rimbaud llamó «magia burguesa»: los cien años de acumulación capitalista, modernización y sobreproductividad, periodo durante el cual, en palabras de Jason Moore, «el capitalismo ha agotado la relación histórica que le permitía apropiarse del trabajo de la naturaleza con un poder extraordinario y sin precedentes».[50] En otras palabras, la relación está agotada, porque el capitalismo ha agotado el planeta.

[50] Jason W. Moore, *Capitalism in the web of life: ecology and the accumulation of capital*, Verso, Londres, 2015, p. 295. [Hay trad. cast.: *El capitalismo en la trama de la vida. Ecología y acumulación de capital*, trad. María José Castro Lage, Traficantes de Sueños, 2020, p. 339].

Conclusión

En este ensayo, he optado por representar el pensamiento ecológico que resurgió en los años setenta mediante la obra, principalmente, de Maria Mies y Henri Lefebvre. Pero, si observamos con detenimiento, y desde el medio siglo que separa a los lectores de hoy de aquellos años, es solo el narcisismo de las pequeñas diferencias lo que distingue a Mies y Lefebvre de todos los demás pensadores antiproductivistas asombrosamente productivos que se contaban entre sus colegas: Félix Guattari, Françoise d'Eaubonne, Murray Bookchin, François Partant, Raymond Williams, Cornelius Castoriadis, Silvia Federici, Ivan Illich, André Gorz, Herbert Marcuse y muchos otros. La teoría, después de todo, no es otra cosa que los usos que se le pueden dar y la mayoría de estos pensadores, si no todos, se abrieron camino laboriosamente a través de la tradición marxista y emergieron en el otro extremo con su propio sentido inconformista, a veces renegado, de los usos que se le podían dar a Marx, usos que no eran ni economicistas ni deterministas. La reelaboración del concepto de acumulación primitiva de Federici o el replanteamiento de la apropiación por parte del propio Lefebvre son ejemplos de ello. Entre las muchas transversalidades interesantes que atraviesan el pensamiento de esta cohorte nos encontramos la importancia que se le otorga a la creación y disolución de lugares (Williams, Mies, Lefebvre), la crítica de la tecnología (Illich, Marcuse) y la centralidad de la Comuna de París como ejemplo político (Lefebvre, Bookchin).

Con todo, quizá el factor más importante que caracteriza la inteligencia colectiva de la época sea el hecho de que un número tan grande de estos pensadores acabasen forjando una perspectiva ecológica —proviniendo de disciplinas muy diferentes— usando el concepto transdisciplinar de la «vida cotidiana». A Lefebvre, por supuesto, se le atribuye en gran medida su conceptualización, y su propia trayectoria a lo largo de la posguerra estuvo definida por la crítica que efectuó durante décadas a la privatización de la vida cotidiana implementada a toda máquina durante la construcción de la sociedad de consumo. Fue en esta crítica en la que, por primera vez, pude ver cuál es la forma que adopta la filosofía cuando deja a un lado la construcción de mundos nacidos de ideas abstractas (y de las que solo ella tiene la clave) y en su lugar explora, en comunión con otros modos de pensar y actuar, la realidad concreta y pragmática de un mundo abordado en común con otros. Para Lefebvre, la vida cotidiana era el lugar de lo común fuera del lugar de trabajo, en el que todos los distintos componentes y prácticas de la experiencia humana que escapan a la especialización están interrelacionados en un todo orgánico, un «terreno común» que no es ni el terreno del sujeto monódico ni el de las instituciones. La poderosa intuición de Lefebvre lo empujaba a afirmar que el plano de la existencia compartida que la sociedad relega a los márgenes —sus residuos, sus sobras— en realidad puede ser el mejor camino para construir lo social como tal.

Esto es algo que también podemos afirmar en el caso de André Gorz. Para Gorz, el concepto de «cultura de lo cotidiano», que tomó prestado de su amigo Ivan Illich, también constituía, en su opinión, el punto de partida necesario para cualquier análisis de la sociedad capitalista contemporánea. La *culture du quotidien* en la obra de Illich consistía en todas las prácticas intuitivas y los conocimientos prácticos que se dan por sentados y que forman casi una segunda naturaleza, el conocimiento colectivo mediante el cual los individuos comprenden y se abren camino en el mundo. Gorz e Illich sostenían que estos conocimientos vernáculos estaban siendo progresivamente mercantilizados, cuando no confiscados, por los expertos y recluidos en un ámbito privatizado y altamente compartimentado de conocimiento aprisionado y accesible a solo unos pocos.

El que este análisis del presente tuviese su punto de partida en la experiencia y estuviese ligado a las prácticas de la «vida cotidiana» tuvo dos efectos principales. En primer lugar, fue la forma de que Gorz, Lefebvre y otros pensadores comenzaran a teorizar lugares políticos al margen del lugar de trabajo y que lo hicieran a riesgo de que se considerase que, con ello, estaban dejando de lado lo que contaba como «política real», abandonando a quien se presuponía como su único agente de cambio, el obrero, y los cambios sistémicos que este y sus compañeros estaban destinados a llevar a cabo. Así, Federici, Mies y otras feministas transformaron las cargas repetitivas de los cuidados cotidianos, que generalmente recaen en las mujeres —toda la división de género del trabajo en torno a la reproducción social—, en una perspectiva que permitía enfocar las políticas domésticas desde otro punto de vista. Raymond Williams, empeñado en escribir una historia medioambiental de las Montañas Negras de Gales, recurrió a la novela como la mejor forma de profundizar en el mundo vivido por los habitàntes de la región y en las cualidades y los ritmos cotidianos de esas vidas.[1] Gorz y Lefebvre, cada uno a su manera, centraron su atención en la cuestión del hábitat y la vivienda, no en términos cuantitativos, sino más bien en cuanto que factores cualitativos del paisaje urbano que nutren las capacidades humanas en lugar de destruirlas.

El segundo efecto importante que tiene escoger la vida cotidiana como punto de partida es que permitía

---

[1]. Véanse Raymond Williams, *People of the Black Mountains. The beginning*, Chatto & Windus, Londres, 1989, y *People of the Black Mountains. The eggs of the eagle*, Chatto & Windus, Londres, 1990.

146

(y permite) pensar dialécticamente. La vida cotidiana puede ser un escenario de alienación, pero también el escenario desde el que desmontarla, el terreno del cambio social. Pensar lo cotidiano como residuo y como recurso era tanto una forma de trabajar mediante y con la ideología como un medio contra ella. Félix Guattari bautizó su versión de la cultura cotidiana como «territorios existenciales». Con este término, se refería al modo en que la cultura del consumo y los medios de comunicación ponen límites y restricciones a la existencia humana. Pero, para él, el término también abarcaba el potencial de las personas para desarrollar diferentes perspectivas y prácticas ecológicas que se desvíen de las normas capitalistas. Cuando Lefebvre y los situacionistas hablaban de la «colonización de la vida cotidiana», designaban lo cotidiano como uno de los escenarios principales de desposesión durante la posguerra. Esa designación, sin embargo, iba acompañada de una comprensión igualmente profunda de la riqueza de los recursos transformadores que alberga la vida cotidiana. Siguiendo esta línea, André Gorz consideraba la vida cotidiana como una forma de entender de un plumazo tanto las alienaciones pasadas como las inmediatamente contemporáneas, junto con todos los variados intentos, pasados y presentes, de superarlas. La percepción que tenía Gorz de las consecuencias destructivas del capitalismo para el espacio social, la vida cotidiana y el mundo natural iban de la mano del deseo de tomar en serio las prácticas y los experimentos de otros modos de vida, la reconquista del tiempo vivido y el espacio que se precisa para fomentar la capacidad de cooperación y de asociación, y otras habilidades y hábitos necesarios para el desarrollo de una sociedad posproductivista. Gorz se mostró particularmente atento a las formas de sociabilidad imaginadas por los jóvenes, rechazadas por una «sociedad del trabajo» que no los necesita y que se niega a dejarles tomar parte en la partida, y quienes, por ejemplo, rechazan verse forzados a competir por trabajos que cada vez son más escasos, más precarios, trabajos que requieren participar, cada vez más, de forma directa o indirecta —aunque hoy en día es más habitual lo primero—, en la destrucción del medioambiente vivido. En su invención de espacios de autonomía, en los que el tiempo asalariado ha dejado de ser el tiempo social dominante y el tiempo de la cooperación ha llenado el vacío, Gorz, como Guattari, vio la premisa necesaria para el nacimiento de sociedades constituidas por personas que decidan hacerse cargo y exijan ser sujetos cada vez más activos de su propia vida.[2]

En una época como la nuestra, repleta de retórica colapsologista y otros nihilismos compartidos, la capacidad de pensar de manera dialéctica bien podría ser —como la costura o el cultivo de hierbas medicinales— una de esas habilidades que sería conveniente

---

[2] Véanse en particular André Gorz, *Écologica*, Galilée, París, 2008, y *Leur écologie et la nôtre*, Seuil, París, 2020.

148

reaprender a medida que empezamos a construir un mundo posproduccionista. En cambio, los medios de comunicación nos ofrecen con demasiada frecuencia un enfrentamiento entre dos entidades teóricas reificadas: por un lado, una caricatura del marxismo-leninismo ataviada con todos los ropajes de la Segunda Internacional, y por otro, un ecologismo desvaído y despolitizado. Y, sin embargo, lo apremiante de la cuestión de la tierra supera hoy cualquier urgencia que puedan reunir los no debates del tipo «Lenin contra Latour» o, en otro orden, «Lordon contra la *zad*».

Miguel Abensour afirmó una vez que hay más verdad en la práctica, por pequeña que esta sea, que en la más sofisticada de las teorías o en la utopía más impecable. Cuánto de cierto hay en esta afirmación es algo que queda patente en el ejemplo de la *zad* de Notre-Dame-des-Landes y sus vidas posteriores. Una gran parte de la inteligencia política de la *zad* durante su lucha contra el aeropuerto tenía que ver con la naturaleza porosa de sus límites: el flujo de gente e ideas de dentro y fuera del territorio, el cultivo de grupos de apoyo a lo largo de Francia y más allá, y la apertura de los ocupantes a recibir ingentes cantidades de visitantes en su vida, así como su disponibilidad para participar plenamente de otras luchas aparte de la suya propia. Practicaban una forma de convivencialidad que se desdoblaba en educación política. Como Reclus y Kropotkin antes que ellos, entendieron que el peligro más grande al que se enfrenta una comuna es el encierro

149

en sí misma. «Nunca nos separaremos del mundo para ocultarnos en una pequeña capilla escondida en la vasta oscuridad».[3] Ese peligro, el peligro del repliegue, se agudizó, en todo caso, tras la victoria sobre el aeropuerto, según se fue desvaneciendo la atención mediática y a medida que los ocupantes que eligieron quedarse se confrontaron no solo al antagonismo y al resentimiento de quienes se marcharon, sino también a la posibilidad de convertirse en una minúscula e impoluta cooperativa *ecobocage* rodeada de enormes grupos agroindustriales gestionados en su gran mayoría por *cumulards*. Se hizo aún más necesario y acuciante vivir la comuna y su entorno vivido como un conjunto dialéctico, además de diseñar maneras pragmáticas de hacerlo.

El movimiento Les Soulèvements de la Terre (Las Sublevaciones de la Tierra), que creció de modo orgánico durante la experiencia de la *zad*, encuentra sus orígenes y su inspiración en raíces profundas de su historia regional, que se adentran en el tiempo hasta la década de 1970 y las iniciativas de los *paysans-travailleurs* con los que comencé este ensayo. Partiendo del punto en el que lo dejó el panfleto *Prise de terre(s)*, el movimiento coloca siempre la cuestión de la tierra, así como el esfuerzo por superar la alienación de la misma, en el centro de la acción política. El objetivo del

---

3. Élisée Reclus, «Anarchy. By an anarchist», *The Contemporary Review*, n.º 45, enero-junio de 1884, p. 637.

movimiento, como así lo expresa uno de sus organizadores, es profundamente dialéctico o relacional, a saber: «Conectar la tierra de los campesinos con el planeta de los ecologistas».[4] En la práctica, esto significa amplificar y vincular luchas ecológicas y campesinas específicas de toda Francia y cuyas ambiciones excedan el plano local. Al ampliar la escala al nivel de lo nacional (o lo planetario), el movimiento construye sobre la victoria tangible de la lucha contra el aeropuerto de Notre-Dame-des-Landes, al tiempo que descentraliza y, en cierto modo, desfetichiza aquella primera *zad*. Con una coreografiada serie de acciones consecutivas que se llevaron a cabo por toda Francia, el movimiento impulsa ocupaciones con la idea de restituir o defender tierras, por una parte, y bloquea activamente industrias involucradas en diferentes formas de extractivismo o de producción de pesticidas, por otra. También están en su punto de mira reductos de poder que, como la FNSEA, deciden «desde arriba» la atribución y el uso de la tierra. Están en juego poblaciones tanto rurales como urbanas, puesto que ambas luchan contra un mismo monstruo de mil cabezas. Los escenarios típicos de estas acciones pueden ser la fábrica de Monsanto en Lyon, la defensa de un huerto comunal de trabajadores en Besançon o una zona agrícola en la parte occidental de Francia

[4.] Correspondencia personal, 9 de julio, 2021.

151

amenazada por un intento de la agroindustria de secuestrar, acumular y privatizar toda el agua de la región bajo la forma de un megaembalse gargantuesco.

El movimiento está en sus primeras fases. Ha engendrado una agrupación hermana centrada en la ecología marina, Les Soulèvements de la Mer (Las Sublevaciones del Mar), además de una coalición de huertos populares. Uno de sus logros más importantes es que siguen siendo y proporcionando una fuente regular de educación política para los cientos, a veces miles, de personas que se unen y participan de sus acciones, y que, como yo hasta haber asistido a la acción de Deux-Sèvres y ser testigo del tamaño del megaembalse, puede que nunca antes se hubieran planteado formar parte de la lucha por el agua, una lucha que ya está plenamente en marcha.

Quienes participaron en las acciones no forman ni un partido ni una clase. Forman, más bien, un acuerdo cooperativo colectivo flexible. De nuevo, el modelo es la composición de grupos que conformaron la *zad* tras el 2008. Como la *zad* en aquellos años, Les Soulèvements de la Terre son una mezcla, tanto en lo regional (en términos de generaciones y de procedencia social) como de estrategia política. Los tres grupos o colectivos principales que constituyen los afluentes del movimiento —los ocupantes «autónomos» de la *zad*, los jóvenes activistas climáticos de Extinction Rebellion o Youth for Climate y los campesinos de la Confédération Paysanne— comparten la convicción de que la cuestión de la tierra es una prioridad urgente. Pero, aparte de eso, comparten poco más. Los *paysans* son miembros de sindicatos: para muchos de ellos, las apuestas suelen centrarse en su profesión y se puede considerar que tienen una naturaleza ampliamente corporativista. Además, los campesinos deben madrugar todos los días para ordeñar las vacas, con lo que las acciones militantes que se prolongan hasta altas horas de la noche o que exigen grandes desplazamientos físicos pueden estar bien para los estudiantes, pero no para ellos. Por su parte, se espera que los miembros de Extinction Rebellion se adhieran a una estricta política de no violencia, mientras que los «autónomos» y algunos de los campesinos más jóvenes son, podríamos decir, más flexibles en este aspecto.

Por el momento, la experiencia de la *zad* en la composición o en el cultivo de una «complementariedad de métodos» ha contribuido, gracias al esfuerzo mediante negociaciones incansables, a crear una alianza situacional eficaz entre los colectivos, respetuosa con las diferentes formas de lucha e implicada en una campaña bien diseñada de acciones específicas. Saben que el éxito depende de su capacidad para forjar alianzas y generar movilizaciones de gran alcance, algo que no es tan descabellado de imaginar ya que, generalmente, las pequeñas luchas ecológicas locales tienden a considerarse legítimas y a recibir la simpatía de la gente, y, cuando triunfan, suelen despertar más esperanza que muchos otros tipos de victorias políticas. Gracias a la flexibilidad, a un claro sentido de lo que está en juego y del enemigo común, y, por encima de todo, a los repetidos gestos de cooperación, construyen un frente común. Componen un frente que evita el estatismo de la clase o del partido, pero que para nada está desorganizado. Este es el modelo de la comuna para nuestra propia época.

Como ocurre con cualquier instanciación de la forma comunal, los miembros de las sublevaciones están más que dispuestos a correr el riesgo de que sus batallas parezcan demasiado locales, demasiado desconectadas de una lucha más global. Están dispuestos a correr el riesgo de ser considerados insignificantes por quienes creen que el verdadero cometido es desencadenar un cambio sistémico. Estos últimos son los mismos que esperan tranquilamente el momento en el que un movimiento global único desmantelará el capital y transformará toda la producción y a todos los productores de un plumazo, aquí, allá y en todas partes. Las sublevaciones eluden el «cambio sistémico» por la buena razón de que la aceleración de las catástrofes medioambientales asociadas al cambio climático y a la precipitada desaparición de las tierras cultivables hace que esperar algo parecido a un cambio sistémico sea cada vez más difícil de distinguir de otros argumentos a favor del capital, del *statu quo*. Por no mencionar que el «cambio sistémico», cuando se ha forzado en el pasado, ha hecho poco más que reforzar las estructuras existentes y, a menudo, lograr que los mismos actores vuelvan ocultos tras una careta diferente.

154

Los comuneros de nuestros días también están dispuestos a correr otro riesgo más: el de que parezca que están llamando a revivir una sociedad, un modo de vida, que pertenece, como los *paysans*, a otra época. Desde su punto de vista, una vez más, la aceleración de la catástrofe medioambiental asociada al cambio climático y a la precipitada desaparición de las tierras cultivables hace cada vez más difícil distinguir lo que pertenece al pasado y lo que pertenece al futuro. Al fin y al cabo, la forma-comuna es la forma primaria, antigua y arcaica de reunir a la gente mediante la asociación y la cooperación. Adoptar la vitalidad y la convivencialidad de una forma arcaica como la comuna parece, en todo caso, mejorar la capacidad de los grupos y de los individuos para enfrentarse a las condiciones sociales, económicas y ecológicas del presente. Sin embargo, para recuperar eficazmente una forma alternativa de vivir, es necesario reanimarla y actualizarla por completo. Mientras que la antigua comuna se relacionó con la defensa de su ubicación regional particular, el modo contemporáneo es transregional, es decir, ocurre en muchas regiones federadas (pero no tiene por qué ocurrir en todas partes, como una abstracción). Las sublevaciones basan sus acciones en lugares de vida concretos, particularidades regionales y las necesidades específicas de las personas y las formas de vida que los habitan. En la medida en que se adaptan a las condiciones del presente, reavivan el modelo de vida que mejor interpela al futuro.

155

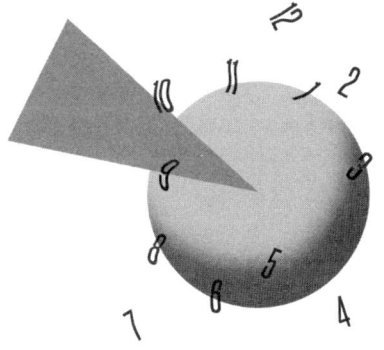

Impreso en octubre de 2024
en Tauro Gráfica
Madrid